Ein Band Metall, das, zum Reifen gebogen, so lange
Widerstand leistet, bis es gelötet ist. In diesem Moment, in dem
des äussersten Widerstands, erhält es seine gelassenste,
seine selbstverständlichste Form, in der äussersten Spannung
die äusserste Gelöstheit. Und nur in ihr.

Ilse Aichinger

Für Antunin

PETER ZUMTHOR
1985–1989

Bauten und Projekte

Band 1

Herausgegeben von Thomas Durisch

Scheidegger & Spiess

Band 1   1985–1989

Und von innen nach aussen, bis alles stimmt   9

Atelier Zumthor, Haldenstein, Graubünden   15
Schutzbauten für Ausgrabung, Chur, Graubünden   35
Kapelle Sogn Benedetg, Sumvitg, Graubünden   49
Wohnsiedlung Spittelhof, Biel-Benken, Basel-Landschaft   67
Wohnhaus mit Ladengeschäft in der Altstadt von Zürich   91
Bergstation Rothornbahn, Valbella, Graubünden   99
Wohnungen für Betagte, Masans, Chur, Graubünden   109
Kunsthaus Bregenz, Österreich   131

Band 2   1990–1997

Wohnhaus Truog, Gugalun, Versam, Graubünden
Therme Vals, Graubünden
Topographie des Terrors, Berlin, Deutschland
Herz Jesu Kirche, München, Deutschland
Laban Centre for Movement and Dance, London, England
Klangkörper Schweiz, Expo 2000 Hannover, Deutschland
Wohnhaus Luzi, Jenaz, Graubünden
Kolumba Kunstmuseum, Köln, Deutschland

Band 3   1998–2001

Poetische Landschaft, Bad Salzuflen, Deutschland
Haus Zumthor, Haldenstein, Graubünden
Berghotel Tschlin, Graubünden
I Ching Gallery, Dia Center for the Arts, Beacon, New York, USA
Harjunkulma Apartment Building, Jyväskylä, Finnland
Pingus Winery, Valbuena de Duero, Spanien
Feldkapelle Bruder Klaus, Wachendorf, Deutschland
Erweiterungsbauten Pension Briol, Barbian-Dreikirchen, Italien

Band 4   2002–2007

Galerie Bastian, Berlin, Deutschland
Redevelopment of De Meelfabriek, Leiden, Holland
Sommerrestaurant Insel Ufnau, Zürichsee
Ausbildungszentrum Gut Aabach, Risch, Zug
Zinkminenmuseum Almannajuvet, Sauda, Norwegen
Wohnüberbauung Güterareal, Luzern
Zimmerturm Therme Vals, Graubünden
Oberhus und Unterhus, Leis, Vals, Graubünden
Hisham's Palace, Jericho, Palästinensische Autonomiegebiete
Steilneset Memorial, Vardø, Norwegen

Band 5   2008–2013

Nomads of Atacama Hotel, San Pedro de Atacama, Chile
Werkraumhaus Bregenzerwald, Andelsbuch, Österreich
Chivelstone House, Devon, England
Los Angeles County Museum of Art, LACMA, Kalifornien, USA
Neues Stadttor, Isny im Allgäu, Deutschland
Theatereinbau Burg Riom Origen, Riom, Graubünden
House of Seven Gardens, Doha, Katar
Serpentine Gallery Pavilion, London, England
Perm State Art Gallery, Perm, Russland

Werkverzeichnis 1968–2013
Texte von Peter Zumthor
Biografie
Mitarbeitende 1985–2013
Die Arbeit von vielen
Dank
Bildnachweis

Und von innen nach aussen, bis alles stimmt

Die fünf Bände dieser Monografie dokumentieren meine Arbeit als Architekt ab dem Jahr 1985. Aber ich habe schon vor dieser Zeit denkmalpflegerische Themen bearbeitet, Kapellen renoviert und alte Häuser umgebaut. 1976 entstand in Haldenstein mein erster Neubau. Diese frühen Arbeiten werden hier nicht gezeigt. Sie stammen aus einer Zeit, in der ich anfänglich eher spielerisch und unbekümmert, später mehr und mehr unter dem Einfluss von Vorbildern arbeitete. In den späten siebziger Jahren bis in die Mitte der achtziger Jahre, in denen die vorliegende Dokumentation einsetzt, war in der jungen Architekturszene der deutschen Schweiz etwas geschehen, was auch mich erfasste und von dem ich bald glaubte, ein Teil zu sein. Ich lernte Architekten und Architektinnen kennen, in der deutschen Schweiz, in Vorarlberg, in Wien, im Tessin. Wir sprachen über die Bildqualität der Architektur, ihre Sinnlichkeit, ihren Körper, ihre Fähigkeit, Stimmungen zu erzeugen. Aldo Rossi, der damals in Zürich lehrte, eröffnete mir einen neuen Blick auf die Geschichte der Architektur und die Architektur meiner biografischen Erinnerung. Die Zeitschrift *archithese* unter Stanislaus von Moos behandelte Themen wie Monotonie, *Learning from Las Vegas* oder Realismus in der Architektur.

Diese Zeit war ungeheuer anregend für mich. Ich wurde frei und fing an, auf meine Weise Häuser zu entwerfen. Ich glaube, ich hatte damals genügend Wissen erworben, um den ideologischen Ballast abzuwerfen, der sich in den politisierten achtundsechziger und siebziger Jahren zum Thema der Gestaltung bei mir, und nicht nur bei mir, angesammelt hatte. Ich begann, meinen eigenen Vorstellungen wieder zu vertrauen. Ich erinnere mich, da war auf einmal eine schöne Freiheit und Sicherheit, eine Art glückseliger Anspannung. Es war eine Zeit des Aufbruchs. Etwas lag in der Luft. Meine persönliche Suche begann.

So hatte ich mich früher schon einmal gefühlt, als ganz junger Mensch mit einem Diplom als Möbelschreiner in der Tasche, damals, an der heutigen Hochschule für Gestaltung und Kunst in Basel, die wir liebevoll Gewerbeschule nannten, als ich dort anfing, unter der Anleitung von Lehrern – eigene Möbel hatte ich schon vorher gezeichnet und gebaut – Möbel und Innenräume zu entwerfen. Auch damals verspürte ich eine grosse Freiheit. Es war zwar die beschränkte Freiheit der klassischen Moderne – sie hatte bekanntlich kein gutes Verhältnis zur Geschichte der Architektur –, deren Entwurfsphilosophie uns vermittelt wurde, aber das störte mich nicht, denn damit verbunden war auch dieses schöne Gefühl, dass gute Gestaltung immer in Neuland vorstossen muss. So schloss sich für mich in den achtziger Jahren ein Kreis.

Und nun, viele Jahre später, liegen sie gesammelt vor mir, die Bauten und Projekte, die seit 1985 aus diesem Anfangsschwung heraus entstanden sind. Ich sehe sie gerne wieder, die vielen Entwürfe, und spüre noch einmal die damalige Begeisterung, die Arbeit und Leidenschaft, die sie hervorgebracht haben. Und die Menschen und Träume, die mit den Projekten verbunden waren, kommen mir in den Sinn.

Das würden wir gerne bauen!, haben wir uns viele Male gesagt, nachdem wir glaubten, für die Aufgabe und den Ort die richtige Form gefunden zu haben. Enttäuschung und Ernüchterung waren gross, wenn das, wie so oft, nicht geschah. Wenn ich die nicht gebauten Projekte anschaue, habe ich bei vielen auch heute noch das Gefühl, das wären gute Gebäude geworden, die den Ort und vielleicht auch die Auftraggeber bereichert hätten. Bei anderen Entwürfen, die nicht gebaut wurden, denke ich, vielleicht war das Schicksal uns gnädig und hat uns von etwas verschont, von dem wir damals um keinen Preis hätten verschont werden wollen. Wenn wir zum Beispiel das Topografiegebäude in Berlin, ein Gebäude, das, nachdem Schwierigkeiten aufgetreten waren, kaum jemand mehr wollte, weder der Auftraggeber noch die Benutzer, und das die wenigen, die es noch wollten, gerne in einer viel einfacheren Form gebaut hätten – wenn wir dieses höchst anspruchsvolle Gebäude hätten bauen müssen, hätte uns das nicht überfordert? Wäre die Aufgabe ohne die Unterstützung einer vom Entwurf überzeugten Bauherrschaft nicht zu schwierig geworden? Denn zur gleichen Zeit hatten wir auch in Köln grosse Herausforderungen zu meistern. Beim Kolumba Kunstmuseum standen wir kurz vor Baubeginn in einer intensiven Planungsphase. Hier gab es eine Bauherrschaft, die unseren Entwurf schätzte und mit uns daran arbeitete. Dieses Glück hatten wir auch mit der Baukommission der Therme Vals oder den Vertretern der Schweizerischen Eidgenossenschaft, mit denen wir den Pavillon der Schweiz an der Expo 2000 in Hannover realisieren konnten. Dieses Glück, das sehe ich nun rückblickend, hatten wir eigentlich immer, wenn wir bauen durften. Dafür bin ich dankbar.

Beim Projekt des Kunsthauses in Bregenz, das in der Planungsphase aus politischen Gründen ins Schlingern geriet, war es eine kleine Gruppe vor Ort, Kuratoren des Museums und einige Baufachleute, die uns half, das Projekt schliesslich doch noch auf Kurs zu bringen. Nach Eröffnung des Kunsthauses waren die Probleme, die das Projekt fast zu Fall gebracht hätten, jedoch bald vergessen und der Erfolg hatte auf einmal viele Väter. Diesen Satz habe ich oft mit Bitterkeit gesagt, denn die schwierigen Jahre in Bregenz, in denen nur

noch wenige an unseren Entwurf glaubten und an unsere Fähigkeit, das Haus
konstruieren und bauen zu können, waren in der Folge auch belastende Jahre
für meine Familie. Vor lauter Sorgen, so hat meine Frau mir später erzählt, war
ich für sie und die Kinder oft kaum mehr ansprechbar. Heute ist die Bitterkeit
dieses Satzes über die vielen Väter des Erfolges fast ganz verschwunden und ich
habe Verständnis für die Situationen der Herausforderung beim Planen und
Bauen, die nicht nur uns Architekten und Bauleuten viel abverlangen, sondern
auch den Auftraggebern und Benutzern unserer Gebäude, die unsere Arbeitsweise, die keine bequemen Kompromisse kennt, aushalten müssen. Heute denke
ich, es sei gut, dass man gemeisterte Schwierigkeiten rasch vergisst und
sich viele am Resultat freuen, auch frühere Angsthasen und Bedenkenträger.
Das fertige Bauwerk ist dein bestes Argument, hat ein Bauherr einmal zu
mir gesagt.

Bei anderen Entwürfen, die mir in diesen Bänden wieder begegnen, denke ich
heute noch: Schade, dass das nicht gebaut wurde! Der kleine Hotelturm im
Unterengadin, die Galerie Bastian in Berlin, die Winery im Duerotal in Spanien,
die Herz Jesu Kirche in München, das Laban Centre in London, das Sommerrestaurant auf der Insel im Zürichsee, das Hotel in der Atacamawüste in Chile.
Die Aufzählung gerät mir lang. Ich breche sie ab, verlasse den Pfad der alten
Enttäuschungen und berichte lieber von einer schönen Entdeckung, die mich
tröstet. Denn wenn ich meine Entwürfe durchsehe, merke ich, dass ein
architektonischer Gedanke, ist er einmal gedacht und in eine aussagekräftige
Form gebracht, nicht einfach aus meinem Sinn und aus der Welt verschwindet,
sondern in anderen Entwürfen wieder auftaucht. Bestimmte Grundideen
erscheinen immer wieder in neuen Zusammenhängen und es kommt mir vor,
als ob sie mit jedem Auftauchen an Tiefe gewännen.

Doch auch wenn einzelne Ideen wiederkehren, sind die Bauten und Projekte,
die diese Bände dokumentieren, sehr verschieden voneinander. Was sie gemeinsam haben, ist mein Wunsch und Glaube, dass der Zweck eines Hauses und
der Ort, an dem das Haus zu stehen kommen soll, die architektonische Form fast
wie von selbst hervorbringen, wenn ich diese beiden Aspekte der Bauaufgabe
nur sorgfältig genug studiere und in Beziehung zueinander setze. Zweck und
Ort und alles, was ich weiss, erzeugen eine Spannung, die den Entwurf hervorbringt.

Es gefällt mir, mit einem neuen Gebäude auf einen Ort zu reagieren. Orte
faszinieren mich. Ich liebe es, mir Räume auszudenken, deren Form und Atmosphäre perfekt zu ihrer Nutzung passen. Atmosphärisch dichte Räume haben
mich schon immer beeindruckt, lange bevor ich Architekt wurde.

Was wird gebraucht? Was soll gebaut werden? Wo soll es stehen? Was würde im
Gebrauch gut funktionieren? Was würde am Ort gut und richtig aussehen? Ich
stelle mir diese Fragen und suche den richtigen Zusammenhang, eine schöne und

selbstverständliche Übereinstimmung von Form und Inhalt. Im Idealfall passt das Gebäude zu seinem Gebrauch wie der Handschuh zur Hand, erfreut die Menschen, die es benutzen, durch seine Schönheit und verfügt über eine Präsenz, die seine Umgebung bereichert.

Die richtige Form eines Hauses zu finden, heisst für mich immer wieder, über den Gebrauch und die Nutzung des Gebäudes, das ich suche, nachzudenken. Im Verlaufe der Arbeit am Entwurf werden unsere Vorstellungen von dem, was ein Gebäude anbieten und wie es gebraucht werden soll, immer genauer. Gemeinsam mit unseren Auftraggebern hinterfragen wir die programmatischen Vorgaben des Beginns, wir bestätigen sie, verwerfen sie, redigieren und ergänzen sie. Dank diesem Vorgehen wissen wir am Ende der Entwurfsarbeit mehr als am Anfang. So haben wir zum Beispiel das ursprünglich vorgegebene Raumprogramm der Therme in Vals damals als Ausgangspunkt genommen für das Nachdenken über die Frage, was ein Thermalbad in den Bergen sein könnte. Die gefundenen und gebauten Antworten haben dann in der Folge tatsächlich auch mehr und anderes hervorgebracht als das, was die ursprünglichen Vorgaben verlangt hatten und wissen konnten.

Als Architekt bin ich Autor. Ich will keine Formen für Inhalte erfinden, über die ich selber nicht mehr nachdenken darf, die ich nicht beeinflussen kann. Ich möchte an der Erarbeitung und Formulierung der Inhalte meiner Häuser beteiligt sein. Jeder architektonische Entwurf muss abstrakte Vorgaben hinterfragen können, denn erst wenn etwas körperlich wird, kann man erkennen, ob das abstrakt Vorausgedachte auch konkret funktioniert. Ich brauche diese Arbeitsweise. Ich entwerfe meine Gebäude von innen nach aussen und von aussen nach innen und dann wieder von innen nach aussen, bis alles stimmt.

Atelier Zumthor, Haldenstein, Graubünden
1985–1986

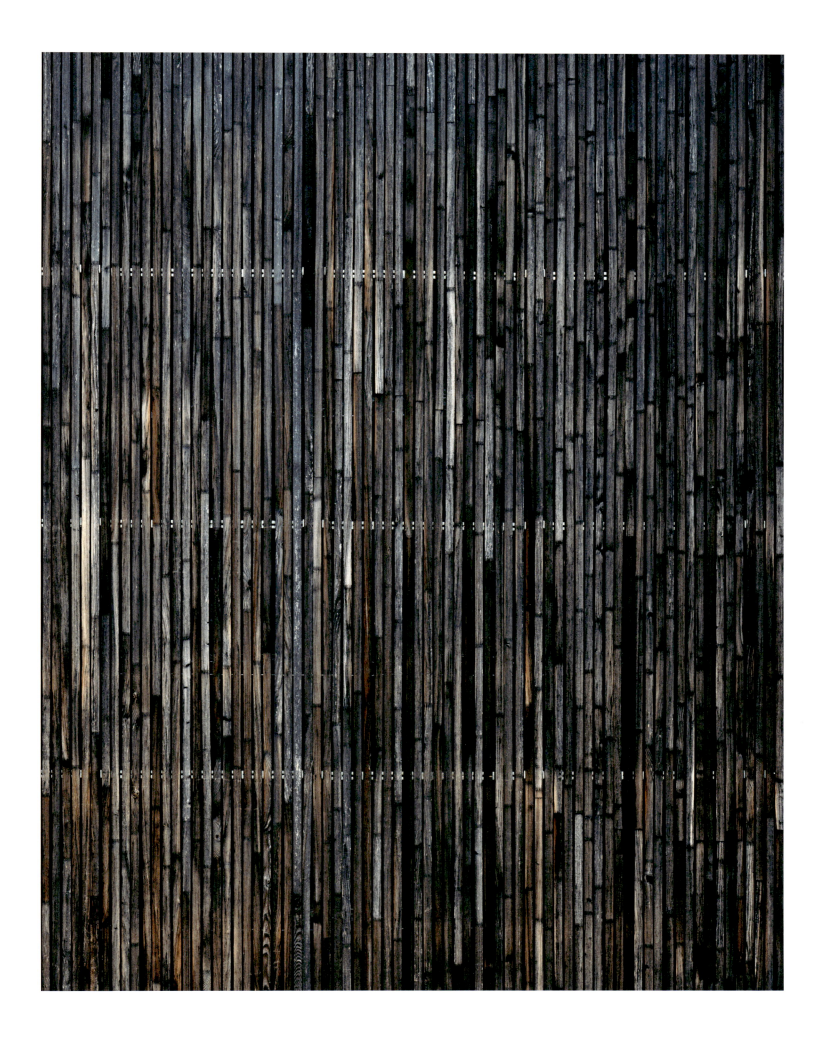

Nachdem wir schon über zehn Jahre in unserem umgebauten Bauernhaus
in der Süsswinkelgasse gewohnt hatten, überwand ich den Widerstand
der Haldensteiner und Bündner Behörden, die meinen ersten Neubauprojekten
in Graubünden noch in den frühen achtziger Jahren die Baugenehmigung
aus ästhetischen Gründen verweigert hatten, und baute ein Atelier für mich und
meine Familie. Wir konzipierten das Gebäude als eine Art Gartenhaus für
uns alle. Es enthält einen Gartensaal im Erdgeschoss und im Obergeschoss einen
Zeichnungssaal. Davor liegt ein winziger Park mit quadratischen Feldern,
einem Wasserstreifen und japanischen Kirschbäumen.
Der konventionell konstruierte Holzständerbau erhielt eine feingliedrige, möbelartige Fassadenverkleidung aus Lärchenholz, die den Baukörper zusammenfasst
und das Volumen betont. Es war mir wichtig, gegen den grobschlächtigen,
rustikalen Alpenstil, der sich damals bei Neubauten verbreitete, ein Zeichen
der Klarheit und Ruhe zu setzen. Die auf volumetrische Grundformen reduzierten
Arbeiten von Donald Judd und anderen Künstlern jener Zeit hatten mich
beeindruckt. Ich suchte für mein Atelier den einfachen Baukörper, der sich auf
unspektakuläre Weise in die gewachsene Umgebung des Bauerndorfes einfügt.
Und mit der bewussten Setzung der Baumaterialien wollte ich einen sinnlichen
Ausdruck des Gebäudes erzeugen, der aus der Sache selbst kommt: Stäbe aus
Lärchenholz, Flacheisenstücke, Beschläge, wie Verzierungen gereiht, unter denen
sich Nägel verbergen, die den Vorhang aus Stäben an der Fassade halten,
Eichenholz für die Laube, Sonnensegel aus hellem Stoff, naturrote Ziegelreihen
auf dem Dach.
Im Innern des Gebäudes schuf der Künstler Matias Spescha eine atmende
Oberfläche auf Kalikogewebe, die in ihrer Textur an die Malweise Mark Rothkos
erinnert. Eine Laube schützt die Südfenster, eine Schicht aus Licht und
Schatten zwischen innen und aussen, in der vor den Sonnensegeln, die im Wind
flattern, die Reben wachsen. Der Grundriss des Gebäudes besteht im
Prinzip aus einem einzigen grossen Innenraum, der von einer langen Wand
unterteilt wird. Vor dieser Wand ist der Baukörper geöffnet. Die Fenster
blicken auf das Rechteck des kleinen Ziergartens, der im Süden vor dem Haus
in die unregelmässig gewachsene Umgebung eingefügt ist.
Ich arbeite gerne vor einer langen Wand, die mir den Rücken freihält und
mich von hinten beschützt. Allein im Raum vor der langen Wand zu sitzen,

zu arbeiten, auf die Kirschbäume zu blicken, die spielenden Kinder zu sehen, empfand ich immer als Luxus und Privileg. Der Ort gab mir Leichtigkeit und Kraft. Rückblickend denke ich, dass es für meine Arbeit als Architekt gut war, diesen Ort zu haben – einen eigenen Ort zum Leben und Arbeiten, nahe bei der Familie. Das Atelier ist die Keimzelle des kleinen Architekturcampus im Bauerndorf, der mittlerweile aus mehreren Bauten besteht, in denen wir arbeiten. Mit ihm begann das Einweben von Neubauten in die Struktur der Dorfgasse.

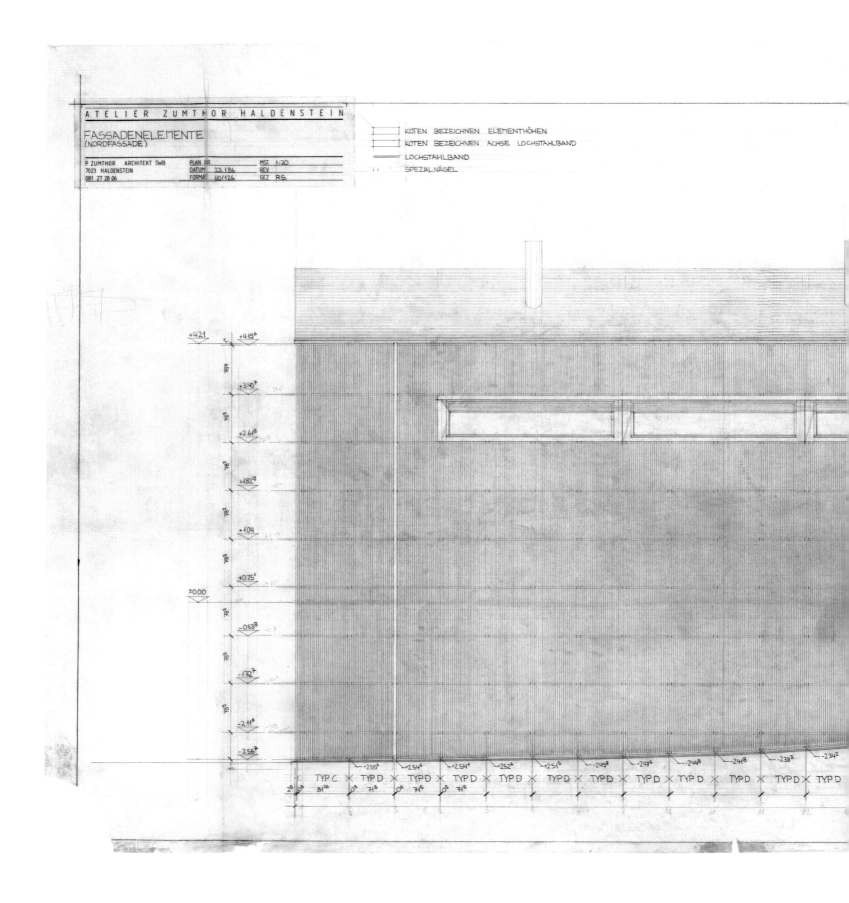

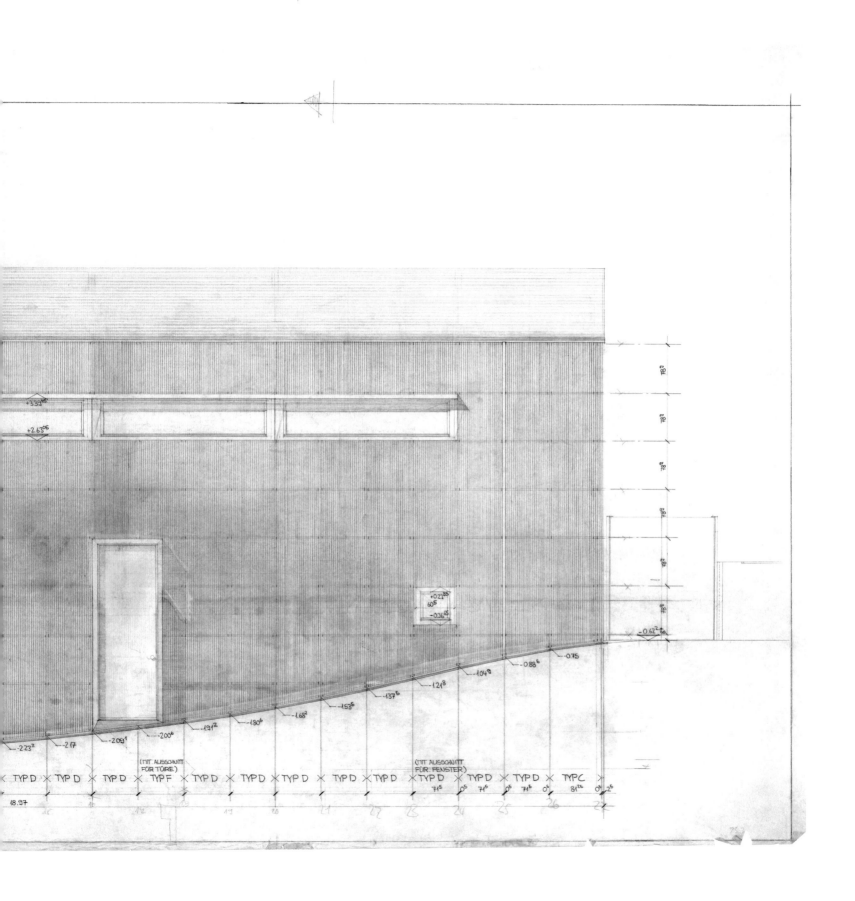

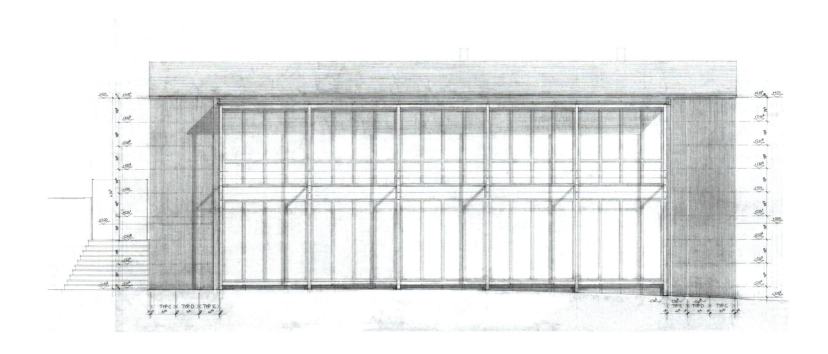

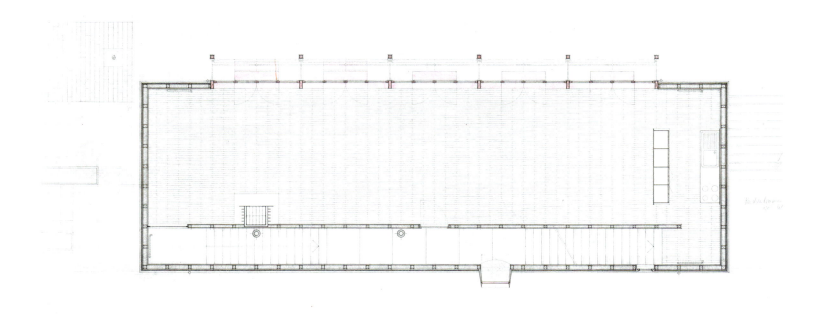

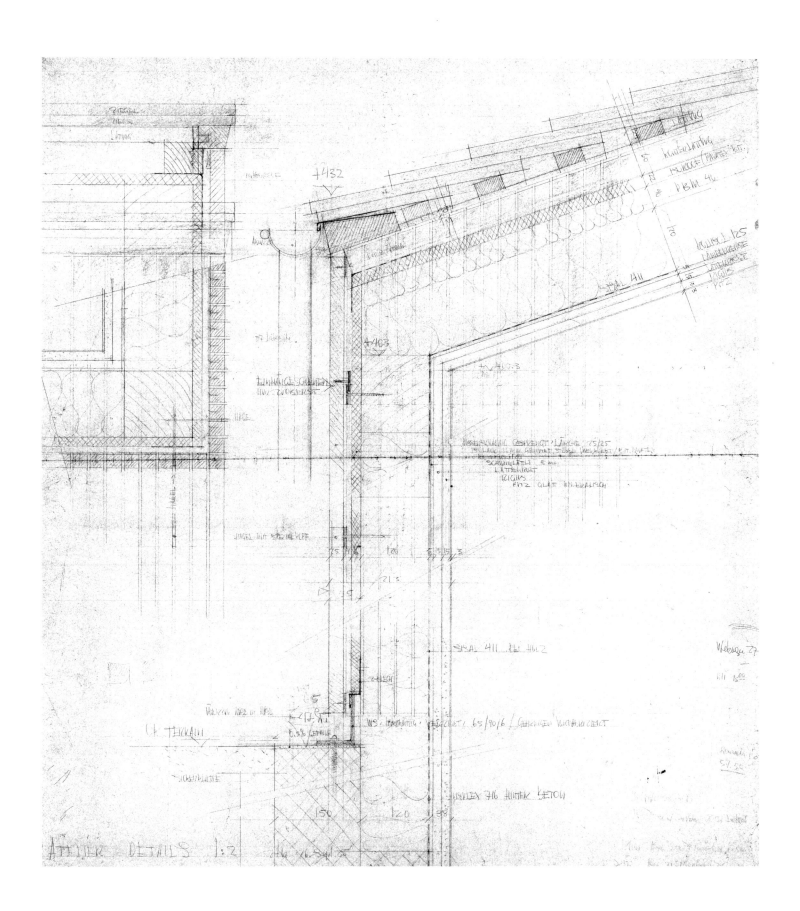

Schutzbauten für Ausgrabung mit römischen Funden, Chur, Graubünden
1985–1986

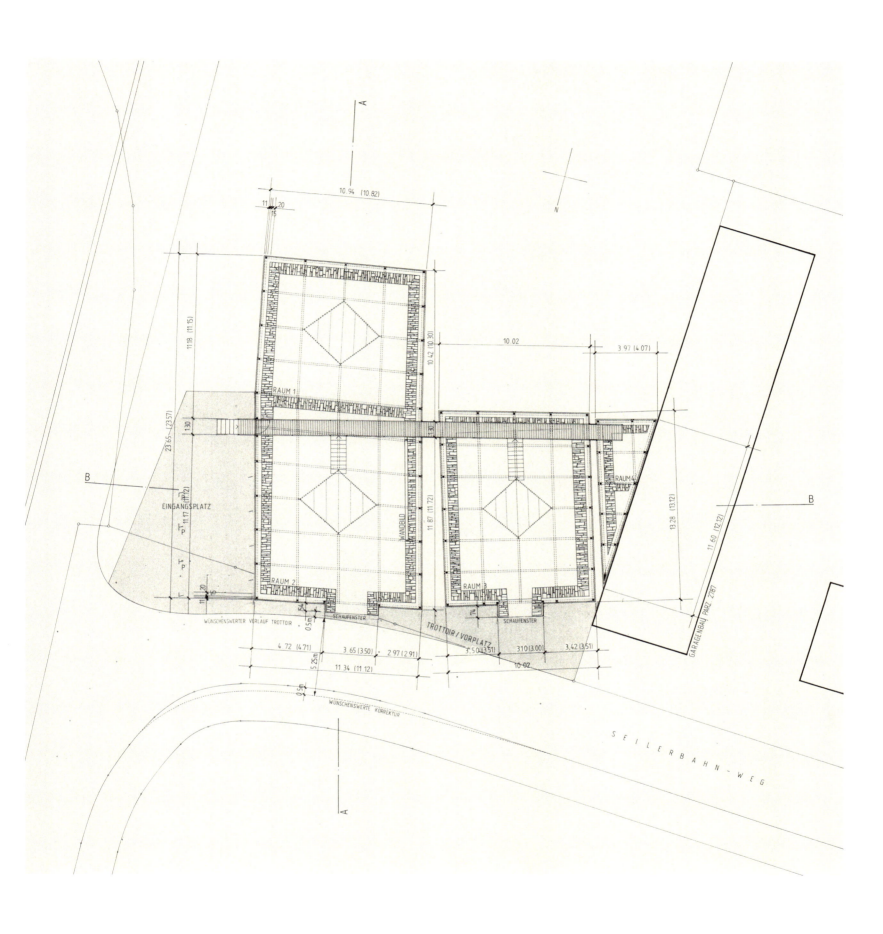

Vom römischen Chur weiss man nicht viel, und es gibt in der Stadt davon kaum etwas zu sehen. Das erklärt, dass man die vergleichsweise bescheidenen Mauerreste von zwei römischen Handelshäusern offenlegen und der Öffentlichkeit zugänglich machen wollte.

Unser Projekt ist ein kleines Museum. Will man es besuchen, muss man sich den Schlüssel für das unbewachte Haus gegen ein Pfand in der Stadt besorgen. Man kann es aber auch durch zwei Schaufenster, die über den originalen römischen Hauseingängen liegen, von aussen betrachten.

Die Schutzhüllen aus Holz, die den ausgegrabenen Fundamentmauern der römischen Gebäude genau folgen, helfen einem, sich die Grösse und Gestalt der verlorenen Gebäude vorzustellen. Sie erzeugen eine volumetrische Präsenz im Stadtraum, und in ihrem Innern kann man die längst verschwundenen Räume erahnen. Die Schutzhüllen sind aus konservatorischen Gründen luftdurchlässig konstruiert. Nachts, wenn das Licht, das man als Passant von aussen bedienen kann, im Innern brennt, werden sie zu Laternen im Stadtbild.

Betritt man das Innere der Schutzbauten, erlebt man, wie die Geräusche der Stadt durch die offene Lamellenstruktur eindringen, während der Blick nach draussen jedoch mit Ausnahme der beiden Schaufenster über den römischen Ausgängen, die nun als Fenster zur Stadt erscheinen, verwehrt bleibt. Man steht zwischen den fast eintausendachthundert Jahre alten Mauern, die Holzlamellen der Wände leuchten im indirekten Tageslicht auf, man sieht die Überreste eines verkohlten römischen Holzfussbodens, römische Fundgegenstände, das Fragment einer wieder aufgerichteten römischen Wandmalerei, auf der Merkur, Gott des Handels und der Diebe, dargestellt ist; man taucht in die Geschichte ein, und man hört die Gegenwart der Stadt.

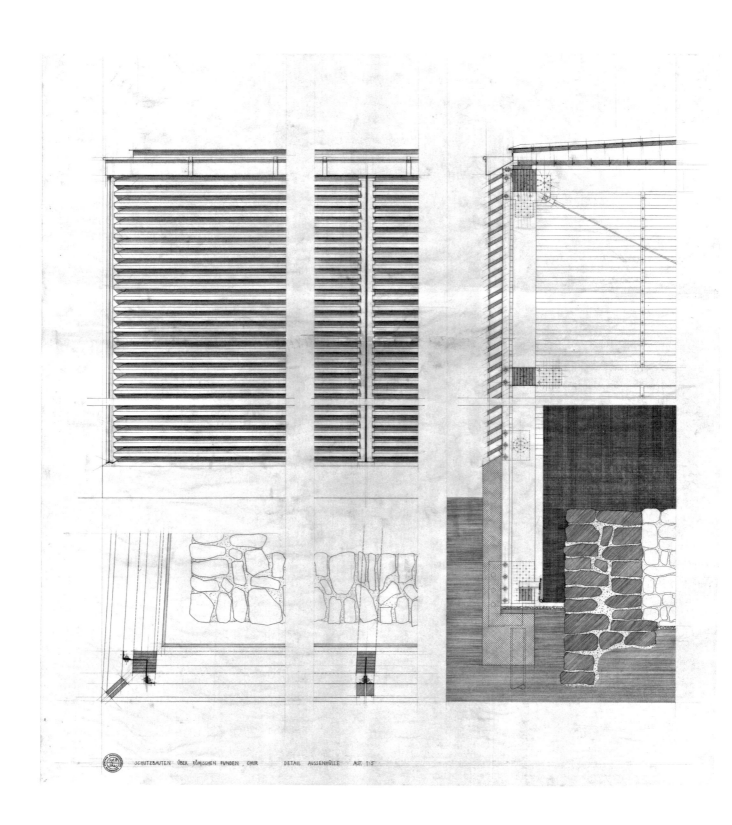

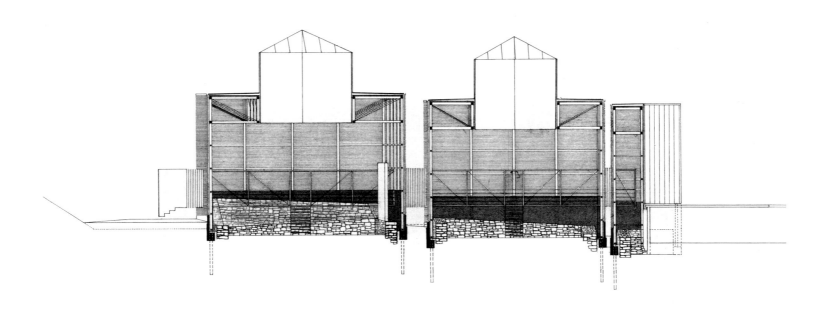

Kapelle Sogn Benedetg, Sumvitg, Graubünden
1985–1988

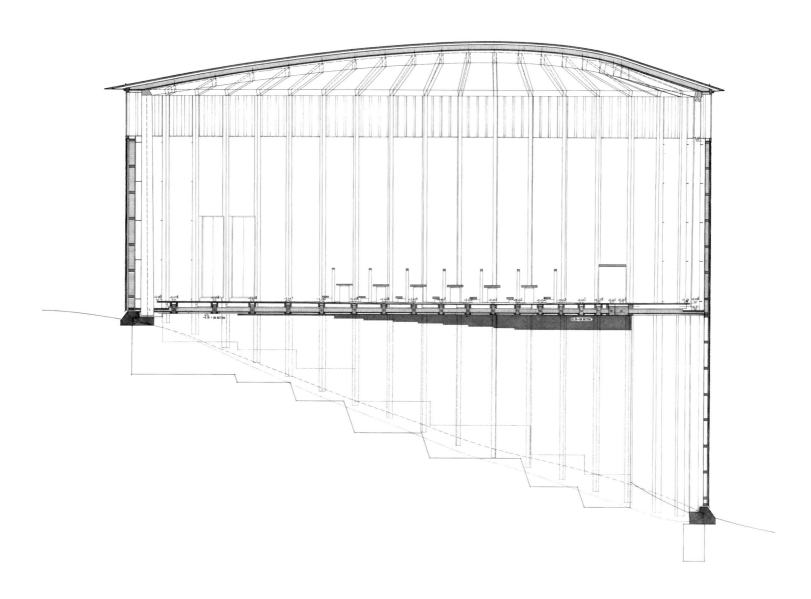

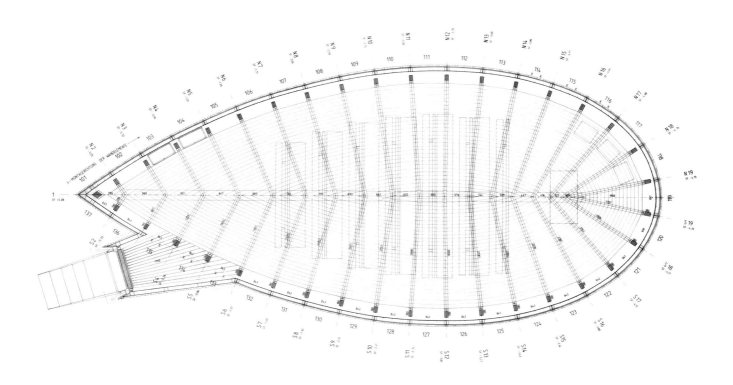

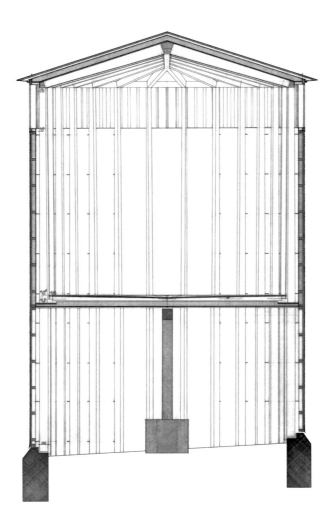

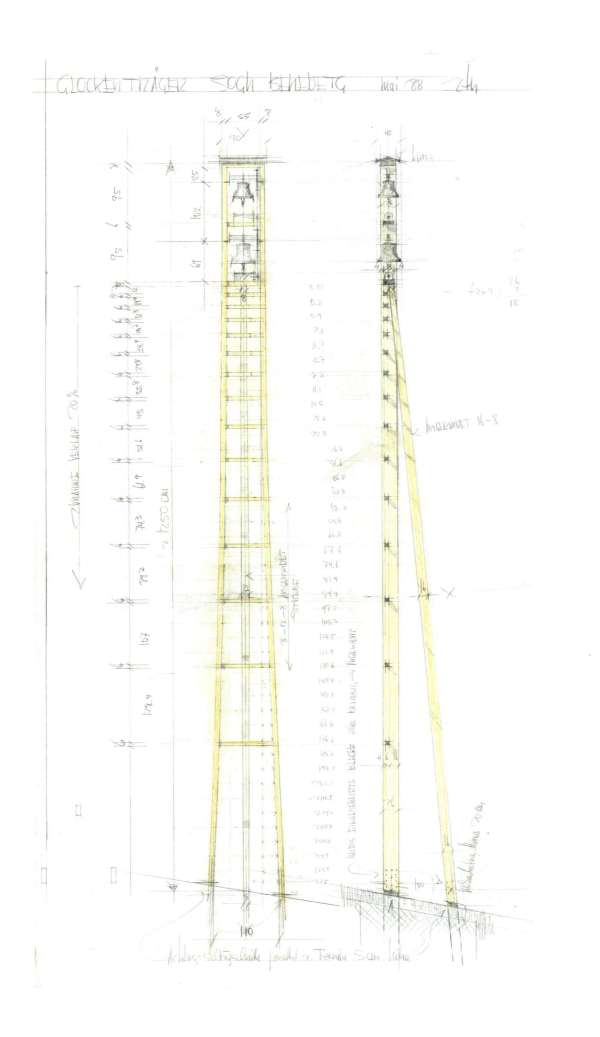

1984 zerstörte eine Lawine die Barockkapelle am Eingang des Weilers Sogn Benedetg, weil man einen Parkplatz aufgeschüttet hatte, der wie eine Rampe ein Schneebrett zur Kapelle hochdrückte. Der neue Bauplatz am alten Alpweg über dem Weiler ist durch den Bergwald vor Lawinen geschützt.

1988 wurde die mit Lärchenschindeln ummantelte neue Holzkapelle eingeweiht. Drei Jahre zuvor hatte uns die Gemeinde die Baugenehmigung mit dem Kommentar «senza perschuasiun», ohne Überzeugung, erteilt. Aber die Verantwortlichen im Kloster Disentis und der damalige Dorfpfarrer Martin Bearth wollten etwas Neues, Zeitgenössisches für zukünftige Generationen bauen.

Ein Blatt, ein Auge, ein Fisch, ein Boot, ein Keil gegen die Lawinen – ich freue mich, wenn ich diese Interpretationen der Form des kleinen Gotteshauses höre, aber seine Entstehungsgeschichte ist eine andere. Die Ausschreibung des Wettbewerbes machte es möglich, die Kapelle als einen Raum zu denken. Dass sich ihre Aussenform aus einem einzigen Innenraum ergeben könnte, hat mich fasziniert. Es ist die Idee eines einfachen Gefässes. Ich suchte nach einer weichen, mütterlichen Form für mein Gefäss. Mit der Idee der autoritären, belehrenden Kirche hatte ich schon als Junge meine Schwierigkeiten gehabt, eine beherrschende geometrische Form wie ein Quadrat, ein Kreis oder ein Rechteck kam deshalb für mich nicht in Frage. Die zunächst frei gezeichnete Form hat unser Ingenieur Jürg Conzett schliesslich auf die geometrisch definierte Achterschlaufe der Lemniskate zurückgeführt. Der Grundriss der Kapelle hat die Form der Hälfte einer Lemniskate.

Die Gegend der bündnerischen Surselva, in der die Kapelle steht, ist voller wunderbar in die Landschaft gesetzter Barockkapellen, weiss verputzte Kleinode aus gegenreformatorischer Zeit, die frei in der Wiese stehen. Auch unser Sogn Benedetg steht frei in der Wiese. Der hölzerne Weidezaun, der jeden Winter vor dem ersten Schnee von den Bauern niedergelegt wird, stösst direkt an die Kapelle. Aber Sogn Benedetg ist, anders als die weissen Barockkapellen der Gegend, aus Holz gebaut. Ihr Baukörper altert schön im Wetter, er wird schwarz und schwärzer im Süden und silbrig im Norden.

Vielleicht ist die Kapelle doch ein kleines Holzboot für eine ungewisse Reise, gebaut von Einheimischen, die sich von alters her gut auf das Bauen mit Holz verstehen.

Wohnsiedlung Spittelhof, Biel-Benken, Basel-Landschaft
1987–1996

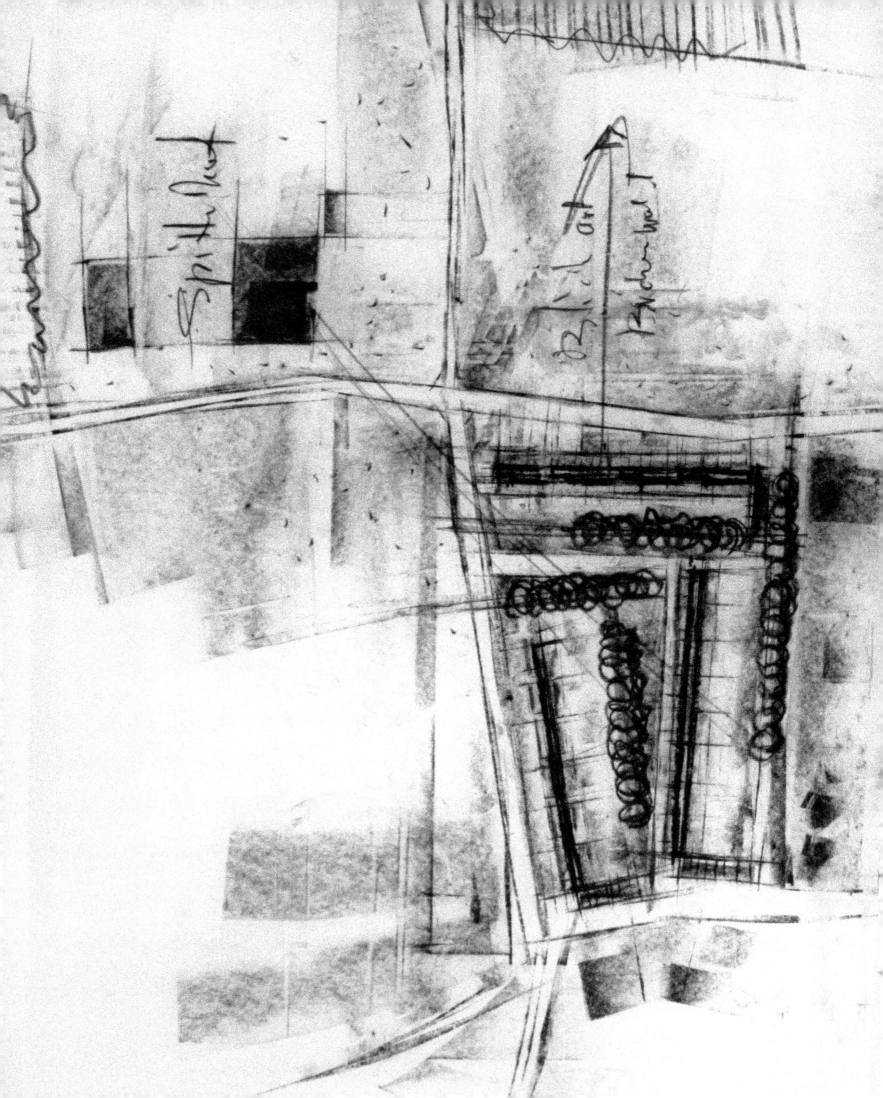

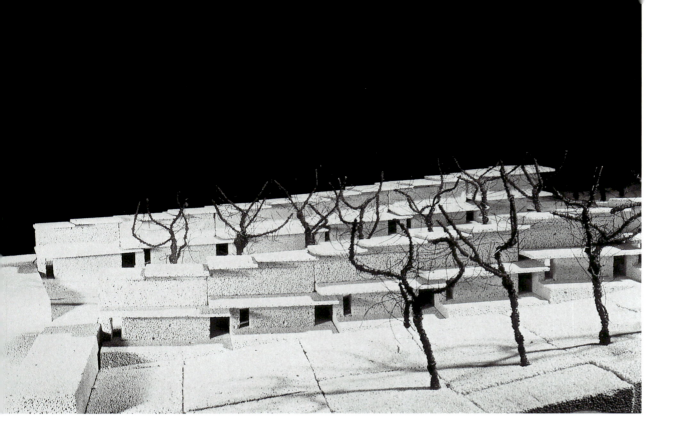
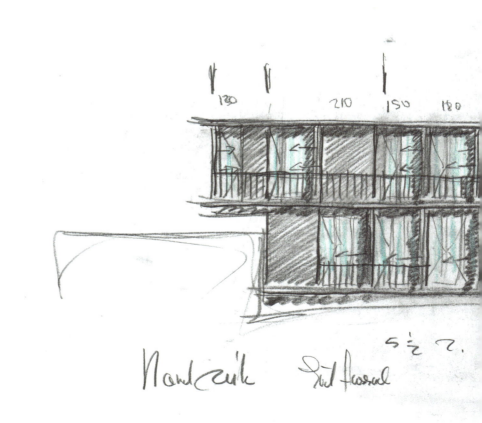

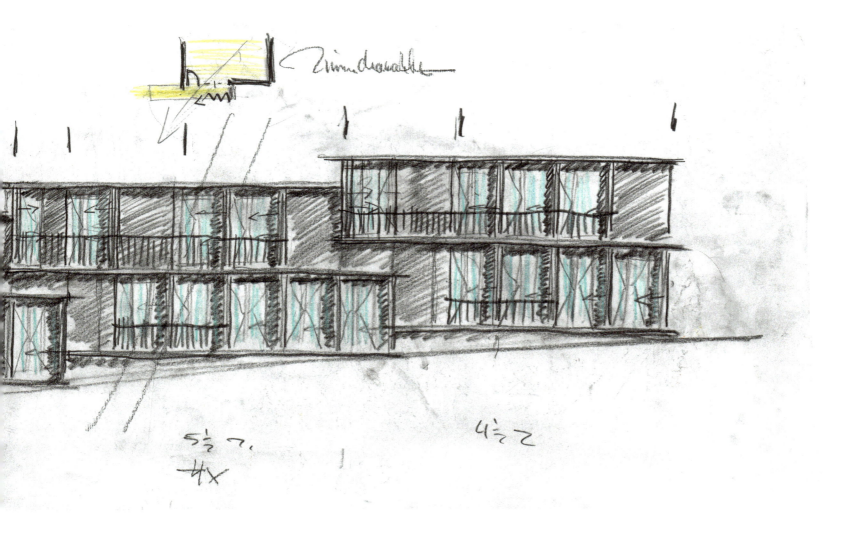

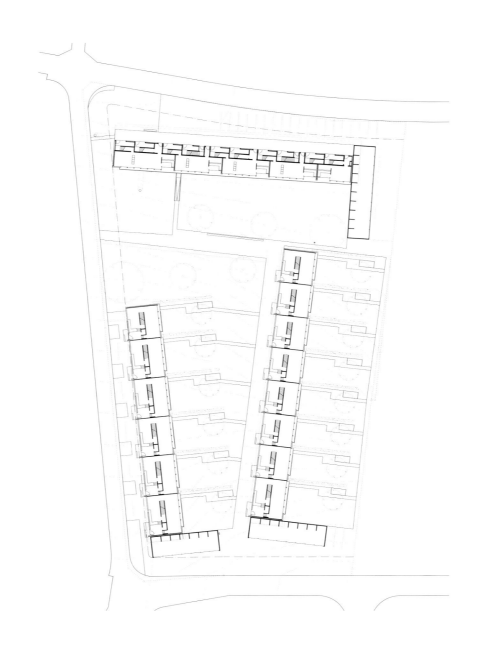

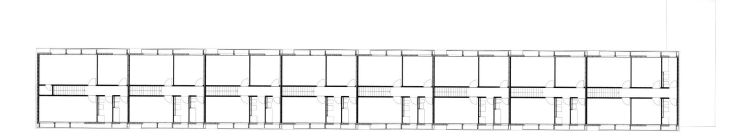

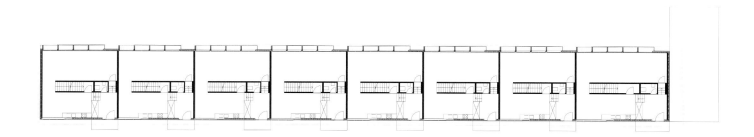

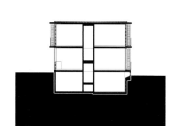

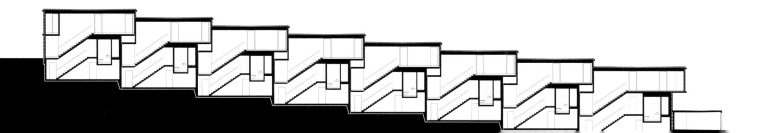

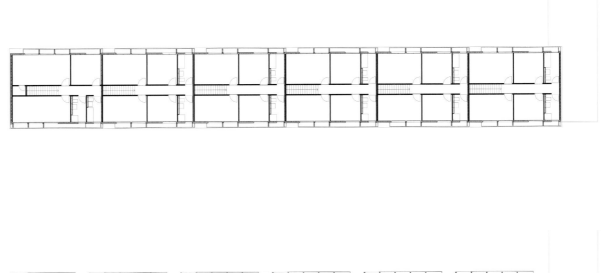
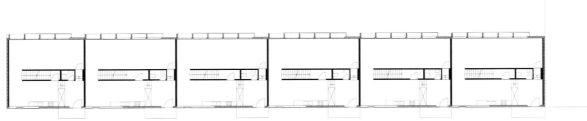
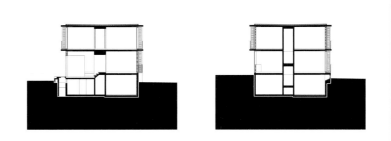
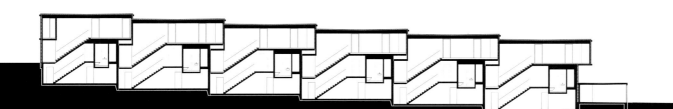

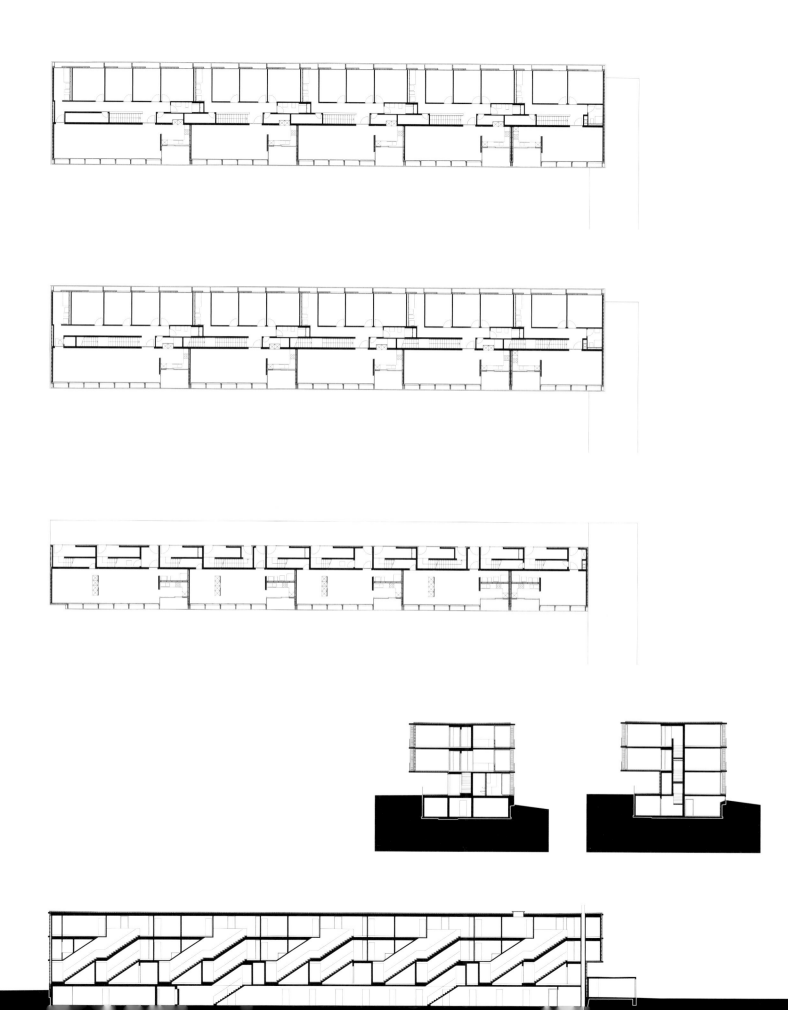

Der Spittelhof, ein historischer Bauernhof in Biel-Benken, ist eine gute Wohnlage. Die nahe Stadt Basel liegt im Rücken, die Wälder und Felder der lieblichen Sundgauer Landschaft des nahen Elsass liegen vor der Haustüre. Verkehrslärm gibt es kaum. In dieser Landschaft, in der wohlhabende Leute gerne eingezäunte Einfamilienhäuser und Villen bauen, eine verdichtete Wohnform zu wagen, eine Siedlung zu errichten, ist etwas Besonderes. Die Gemeinde Biel-Benken, Eigentümerin des Landes, wollte ein Zeichen für den haushälterischen Umgang mit dem Boden setzen.

Ich liebe die Wohnform der geplanten Siedlung. Man kann mit dieser Form ein schönes Mass an Öffentlichkeit und Massstab erzielen und gute Adressen generieren, an denen man gerne wohnt. Die grossen Berliner und Frankfurter Siedlungen aus dem frühen 20. Jahrhundert von Bruno Taut, Hugo Häring, Hans Scharoun oder Ernst May haben mich stets beeindruckt. Sie bieten nicht nur guten Wohnraum, sondern auch schöne Abstufungen von öffentlichen und privaten Aussenräumen, und ich glaube, die Absicht der damaligen Planer und Architekten zu verspüren, die zukünftigen Bewohnerinnen und Bewohner ihrer Siedlungen nicht mit zu grossen Massstäben und Baumassen zu erdrücken und zu anonymisieren.

Das ist ein grosser Hintergrund für eine kleine Siedlung auf dem Land mit knapp dreissig Wohneinheiten. Trotzdem, ein paar Dinge haben wir versucht: Die drei langgestreckten Gebäudekörper bilden einen grossen Hofraum mit Gärten, der sich zum historischen Spittelhof hin öffnet, halböffentliche Fusswege verbinden sich mit dem Wegnetz des Dorfes.

Die sanft in den Hang gelegten Reihenhäuser mit ihren Südgärten zeichnen den Schwung der Topografie nach. Ihre räumlichen Strukturen, die man in den Längsschnitten sieht, verzahnen und überlappen sich in der Art einer liegenden Wirbelsäule, die dem Verlauf des Terrains folgt.

Ein grosser Baukörper markiert die Hangkrete. Er enthält Wohnungen, die mit eigenen Eingängen und Treppenhäusern alle individuell erschlossen sind und schöne Ausblicke bieten. Die Schlafräume schauen auf den Buchenwald, über dem die Sonne aufgeht, die Wohnräume, in der Art von Veranden mit ihrer breiten Seite an der Fassade liegend, sind auf die Abendsonne ausgerichtet und blicken in die Hügellandschaft des Sundgaus.

Wohnhaus mit Ladengeschäft in der Altstadt von Zürich
1988

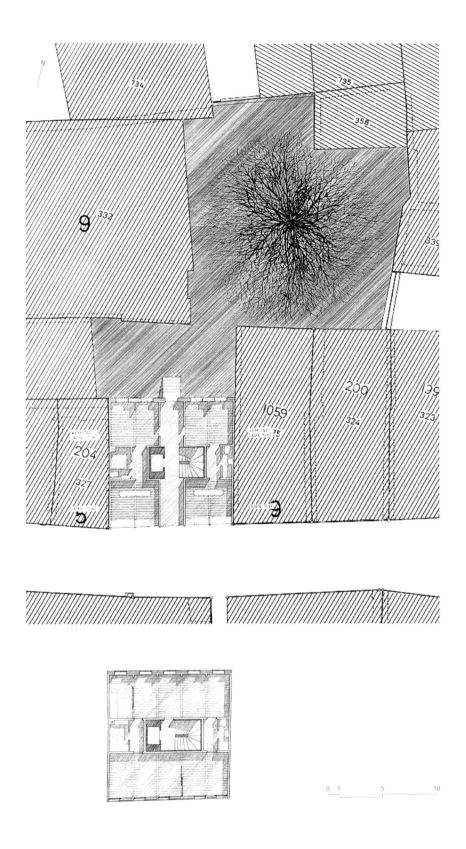

Den Wettbewerbsentwurf von 1988 schaue ich immer wieder gerne an.
Ich sehe darin eine kleine Arte-povera-Arbeit: historische Bezüge, einfache
konstruktive Logik, grau gestrichenes Holz, klappernde Schiebeläden,
eine Dachterrasse, eine sogenannte Zinne, wie sie für die Altstadt von Zürich
typisch ist. Die Hoffassade ist von einer wilden Weinrebe überwachsen,
das grau gestrichene Holz imitiert Sandstein, wie das in der Altstadt bei vielen
Fenster- und Türeinfassungen einfacherer Bauten der Fall ist. Wichtig war
uns auch, den Hinterhof freizuräumen. Wir stellten uns einen grossen
Solitärbaum im Hof vor. Mit kargen Mitteln eine dichte Atmosphäre voller
Anklänge an schon Gesehenes und Alltägliches zu erzielen, war unsere
Absicht.
Die Fassaden des baufälligen Hauses, das man durch den im Wettbewerb
gesuchten Neubau ersetzen wollte, wurden schliesslich doch erhalten.

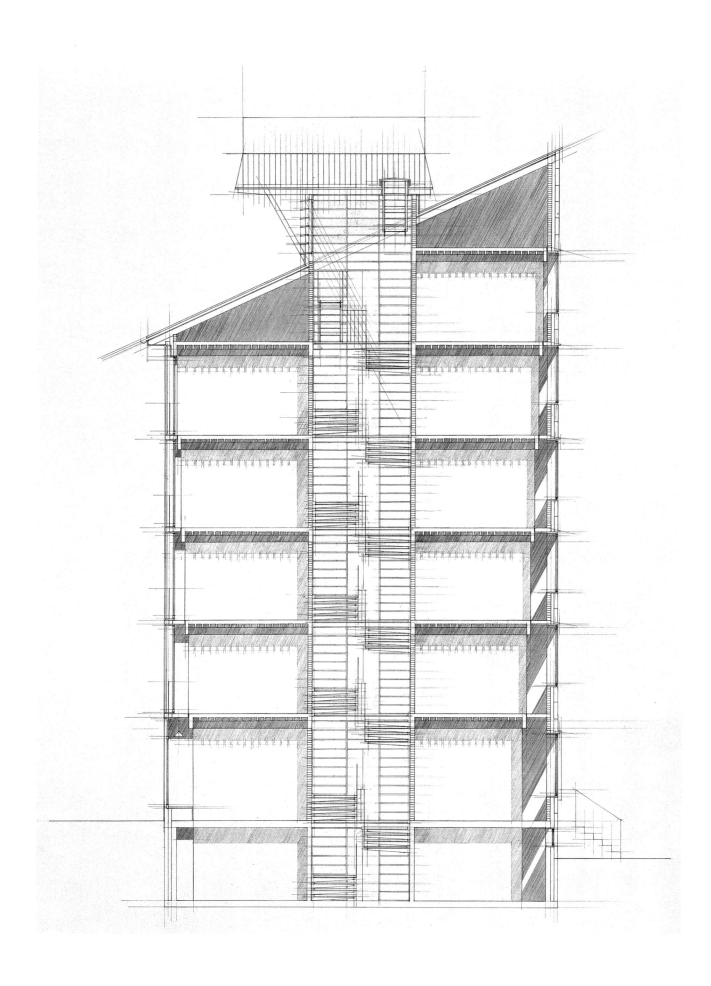

Bergrestaurant und Bergstation Rothornbahn, «Steinway»,
Valbella, Graubünden
1989–1990

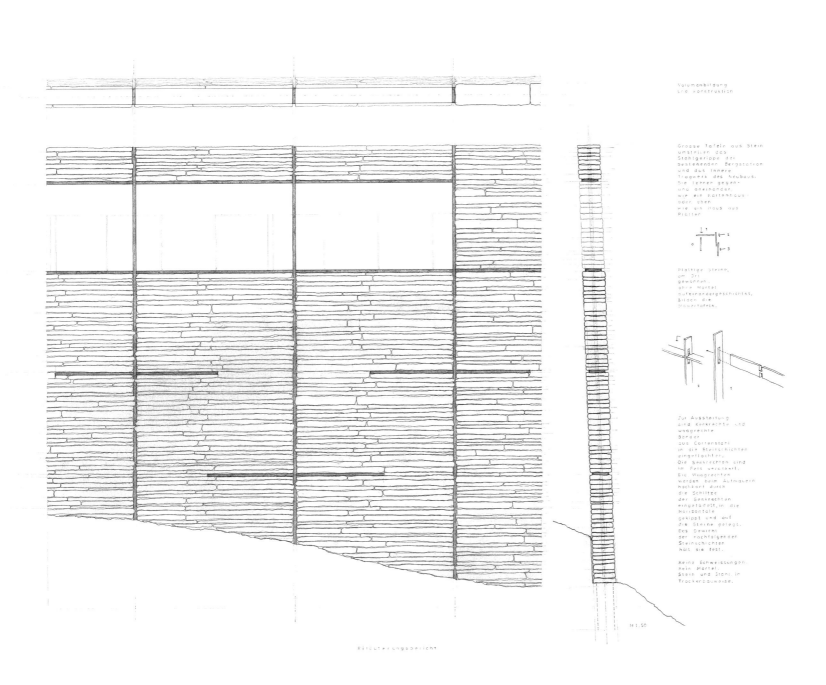

Der Studienauftrag für die neue Bergstation der Rothornbahn, gut zweitausend Meter über dem Meeresspiegel gelegen, gab uns die Gelegenheit, über ein «trockenes» Stahl-Stein-Verbundmauerwerk nachzudenken. Der Ehrgeiz war, die Steine der Bergspitze ohne Mörtel zu vermauern und zur Stabilität und Aussteifung Stahlteile einzuflechten.

Die uralte Tradition, die Steine des Ortes aufeinanderzuschichten, zum Bauen zu verwenden, hat mich immer fasziniert. Ich habe eine Schwäche für Häuser, die aus der Landschaft herauszuwachsen scheinen. Wer die alten Steingebäude kennt, die im Alpenraum auf dieser Höhe gebaut wurden, der wird auch die Stimmung erahnen können, die wir uns für das Innere des Gebäudes ausgedacht hatten: für ungeheizte, offene Hallen plattige Steine, sorgfältig zu Wänden aufgeschichtet, durch die an bestimmten Stellen das Tageslicht einsickert; für die Aufenthaltsräume ein Innenfutter aus massivem Holzwerk, aus Balken, Dielen und Brettern.

Wenn ich an die damals erarbeiteten Entwurfsbilder denke und mir die erträumten räumlichen Stimmungen vergegenwärtige, spüre ich einen Vorrat an inneren Bildern zum Thema Bauen im Hochgebirge, den ich noch nicht ausgeschöpft habe. Diese Bilder handeln von kräftigen Strukturen, elementaren Konstruktionen und von grossen Massstäben.

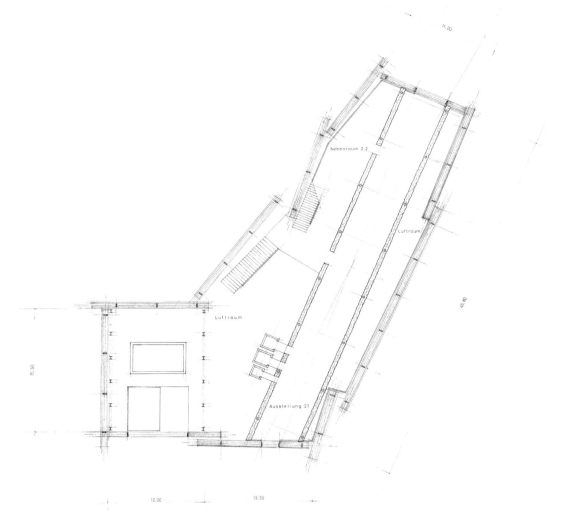
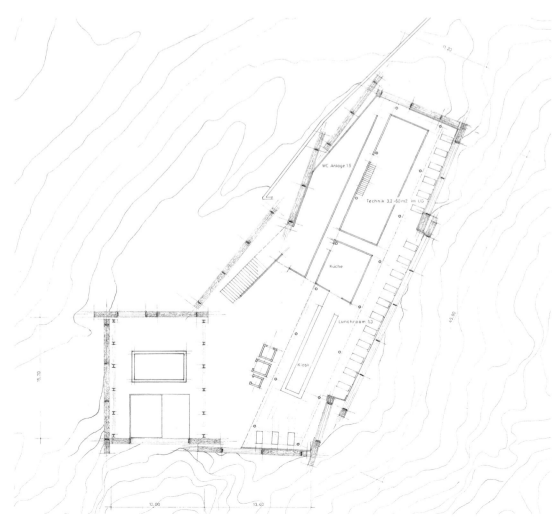

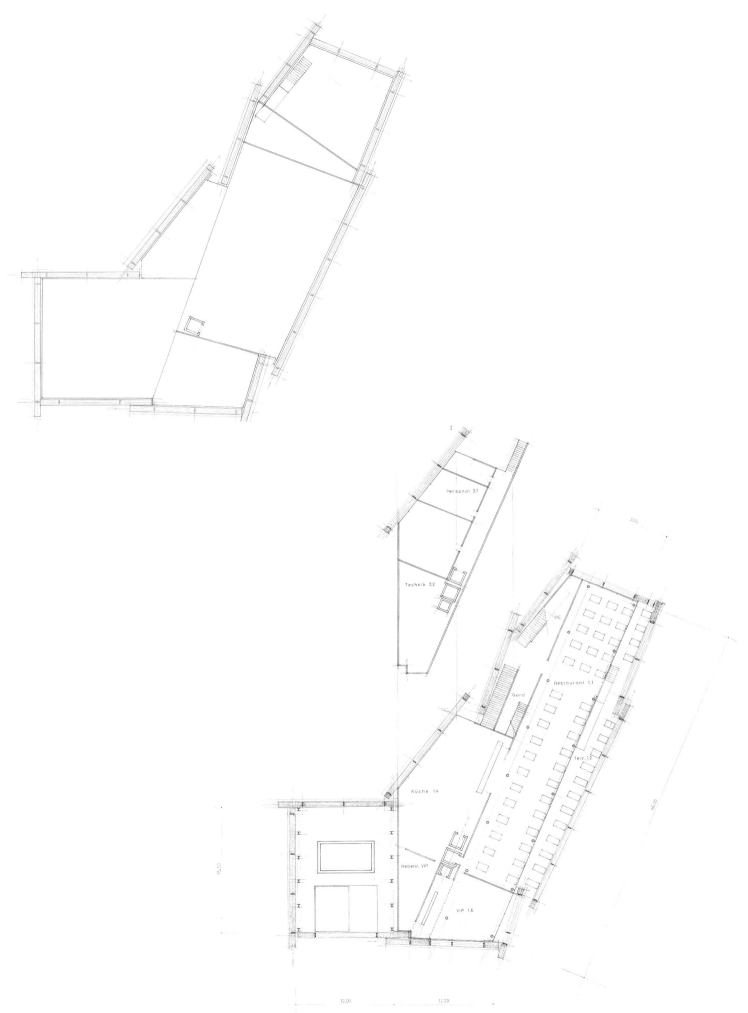

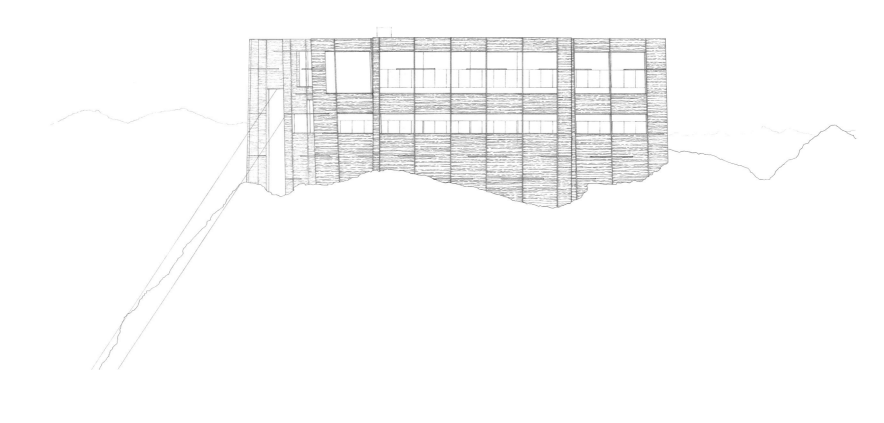
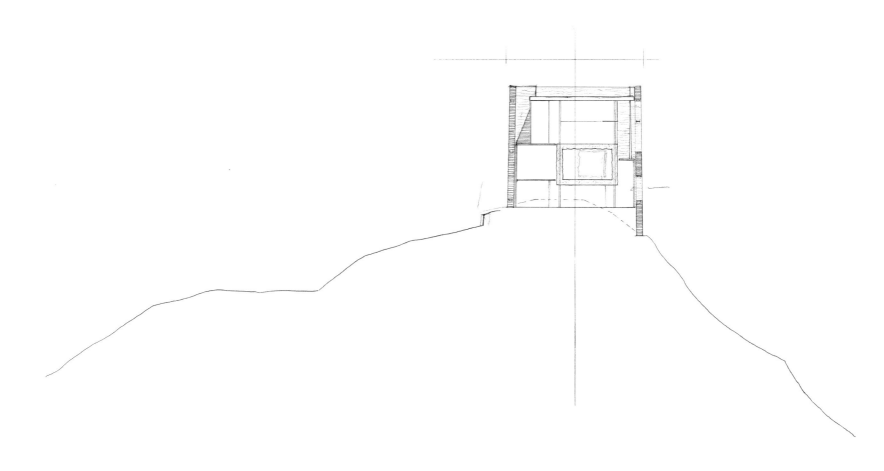

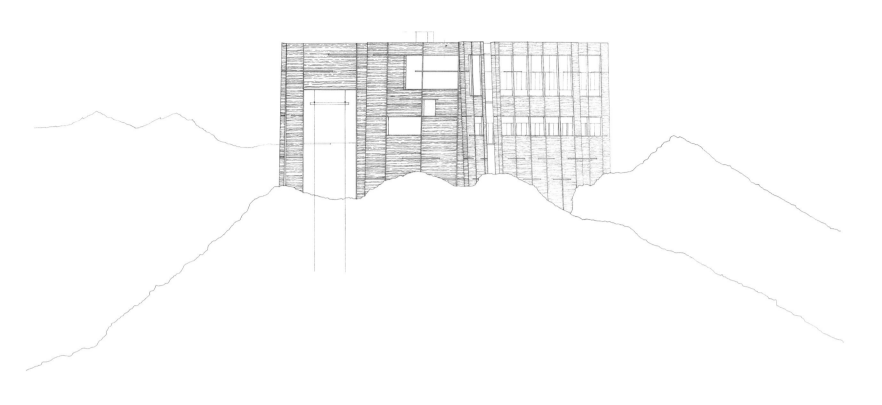

Wohnungen für Betagte, Masans, Chur, Graubünden
1989–1993

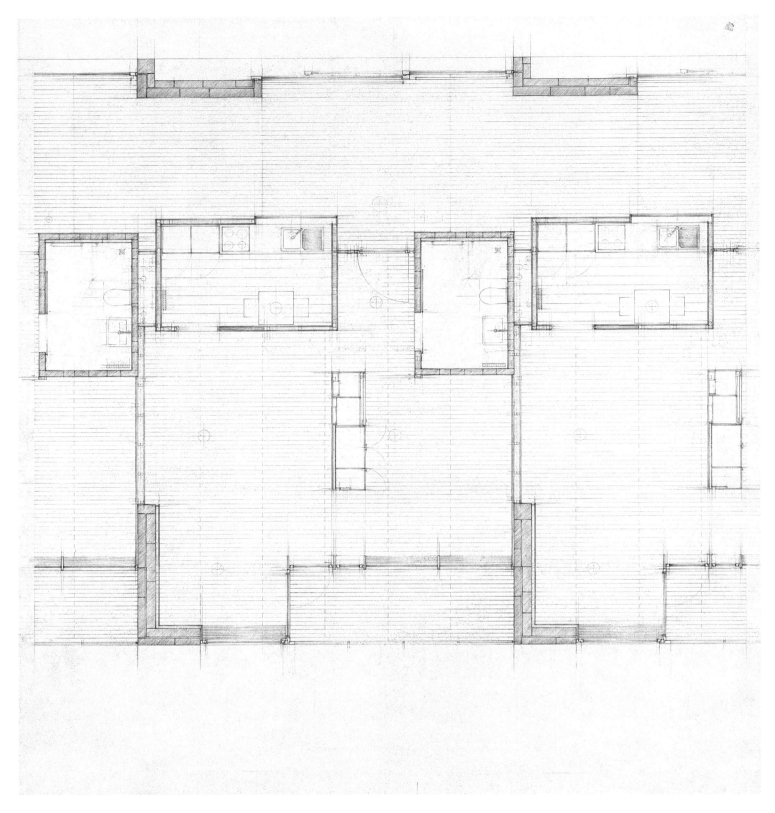

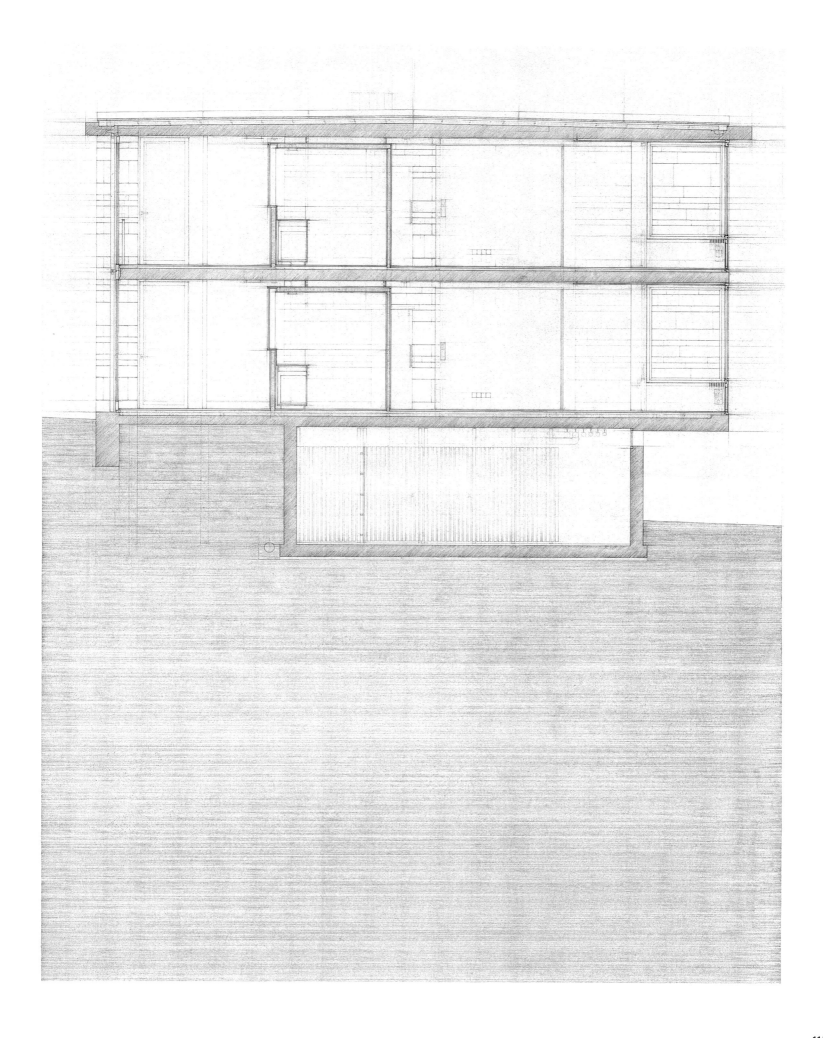

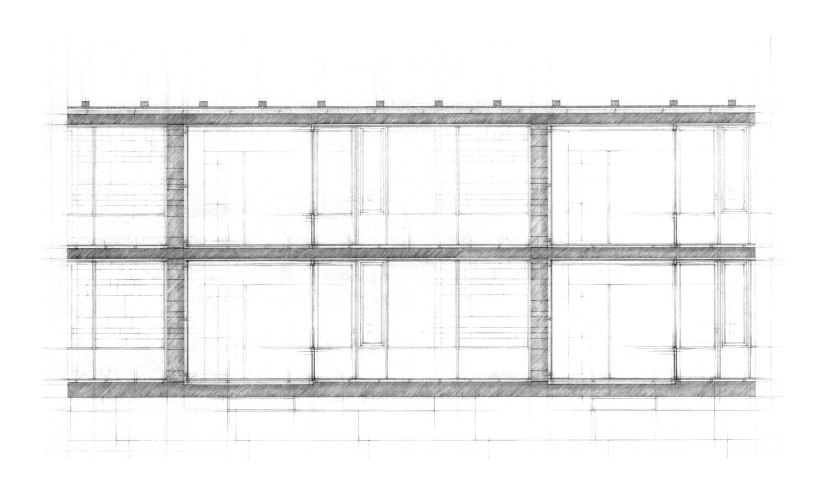
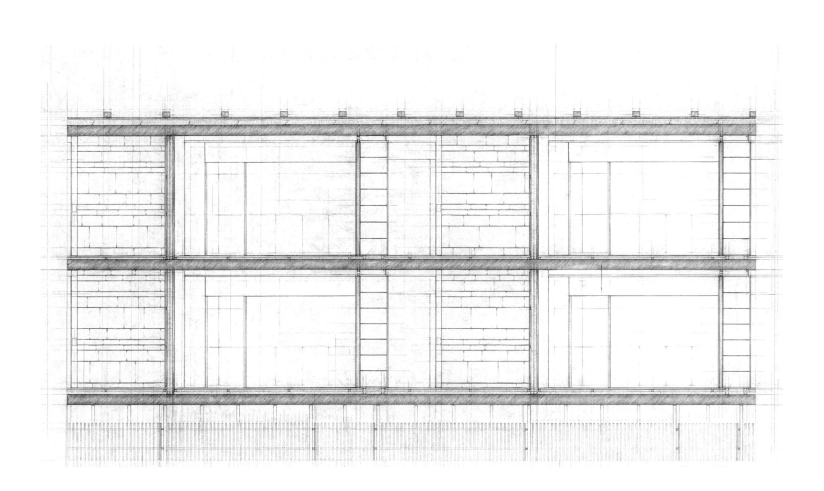

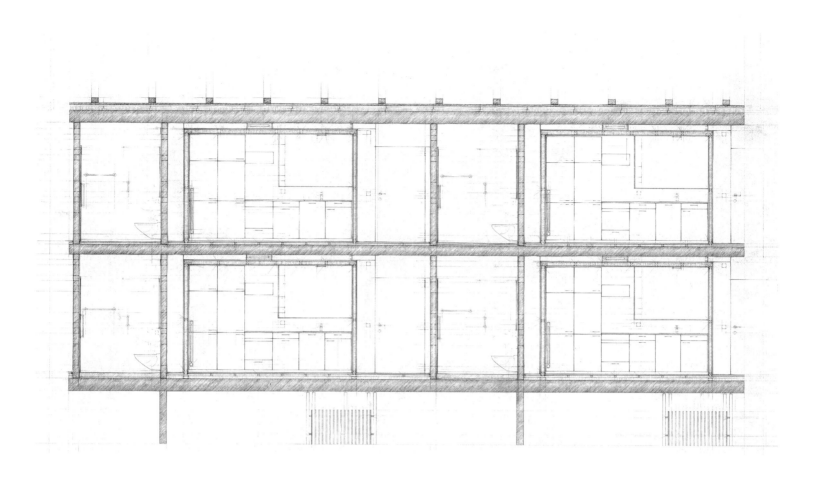
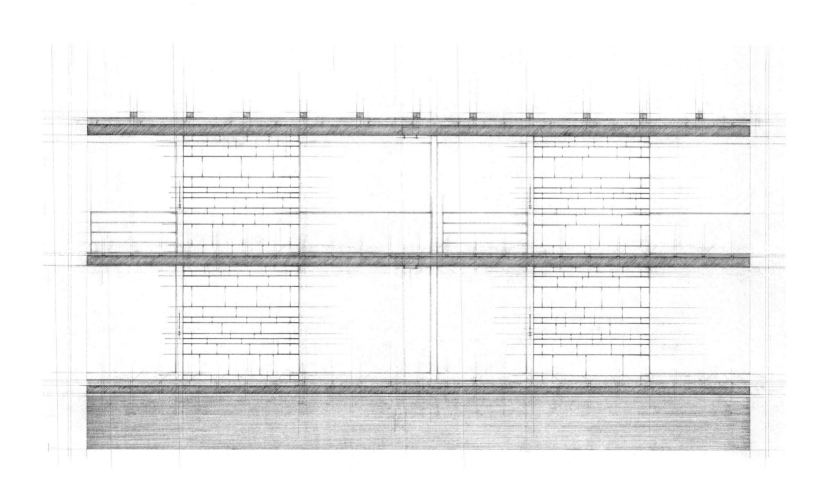

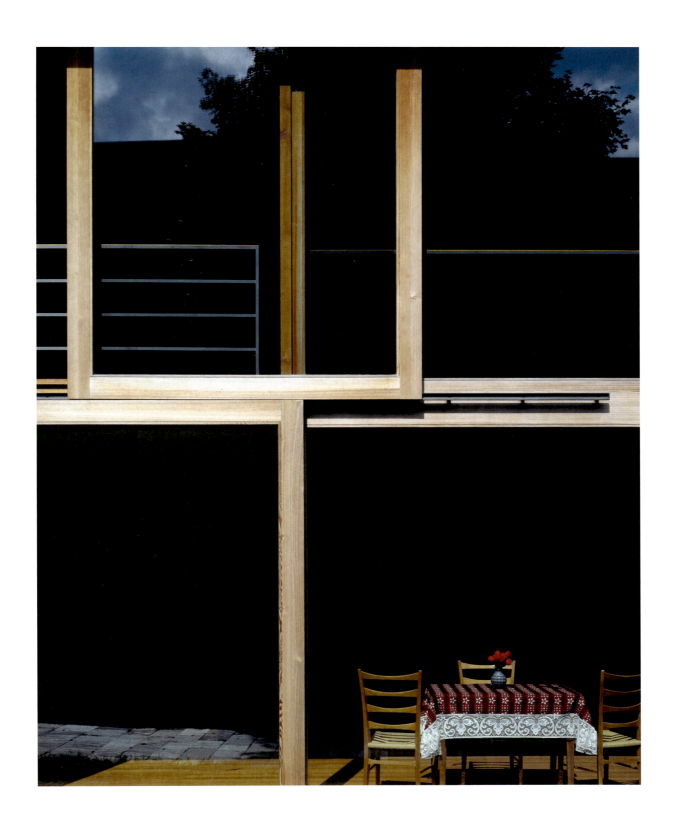

Die Umstände müssen günstig gewesen sein, denn ich sehe heute, dass es uns damals gelang, eine Art vornehmer Seniorenresidenz für ganz normale Leute im Rahmen des staatlich vorgegebenen Budgets zu bauen. Das neue Gebäude haben wir von innen nach aussen entworfen. Wir versuchten, uns den Lebensabend von Menschen vorzustellen, die ihre Häuser und Wohnungen in den Dörfern rings um die Stadt Chur verlassen, um hier in betreuter Umgebung – das Gebäude ist Teil eines Altenpflegezentrums – zu wohnen. Die Anzahl der Räume und die Grösse der Wohnungen hatte der Auftraggeber vorgeschrieben, alles andere, die architektonische Stimmung, die verwendeten Materialien, entsprang dem Gedanken, etwas anzubieten, was die Bewohnerinnen und Bewohner kennen, mögen und gut gebrauchen können: Ein Erkerfenster im Wohnraum schaut auf die Abendsonne, die Balkone sitzen in windgeschützten Nischen, das Küchenfenster blickt auf die Eingangsveranda und ermöglicht soziale Kontakte. Die Veranda ist grösser als ein normaler Korridor, damit die Bewohnerinnen den Bereich vor ihrer Wohnung mit ihren privaten Möbeln und Gegenständen, die sie von ihrem letzten Zuhause mitbringen, möblieren und sich auf einen Schwatz mit dem Nachbarn hinsetzen können, wie früher im Dorf auf der Bank vor dem Haus.

Der Dreiklang von Tuffsteinmauerwerk, sichtbar belassenen Betondecken und Lärchenholz ist den Menschen dieser Gegend vertraut, ja er hat sogar etwas Vornehmes, denn der Tuffstein wurde in Graubünden früher für wichtige öffentliche Bauten verwendet. Die gewachsten Lärchenholzböden bestehen aus richtigen dicken Brettern, die auf einem Lattenrost liegen und nach Holz klingen, wenn man darauf geht.

Die Wohnungen sind beliebt. Man muss sich Jahre im Voraus anmelden, wenn man dort wohnen will.

Kunsthaus Bregenz, Österreich
1989–1997

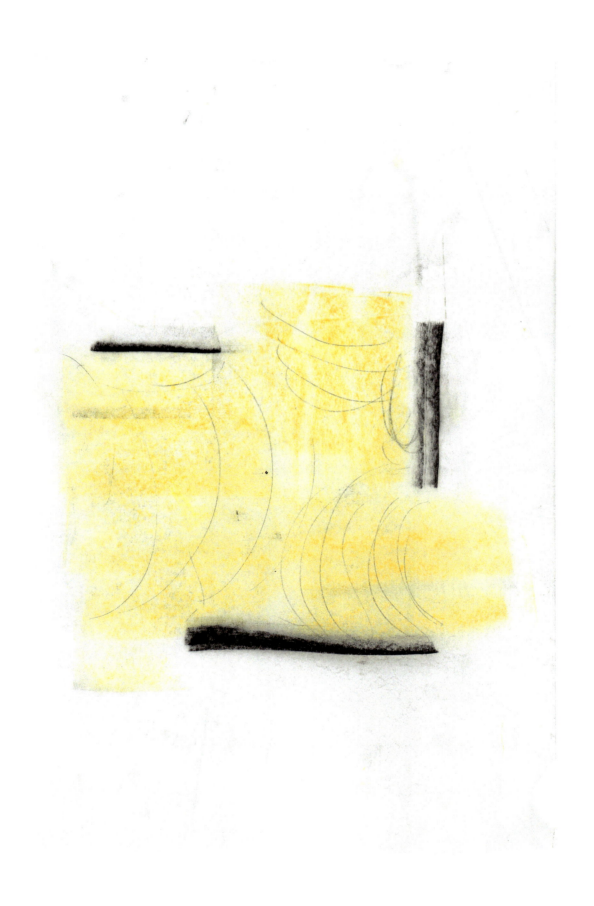

Über dem Wasser ein feiner Dunst, ein Strahlen liegt in der Luft, Bodenseelicht. Dieses Licht in den Raumbehältern des neuen Museums in Bregenz einzufangen, war ein Wunschtraum. Mit der abgebildeten Entwurfsskizze haben wir uns damals klar gemacht, wie das Tageslicht seitlich in die Ausstellungsräume eindringen soll. Die drei Wandscheiben, die die übereinandergestapelten Räume tragen, sorgen für Abschattungen; es entstehen unterschiedliche Tageslichtzonen, die sich mit dem Lauf der Sonne verändern. Das seitlich einfallende Tageslicht modelliert die Räume, man spürt die Himmelsrichtung, den Sonnenstand, die Tageszeit. Von unseren ersten Modellstudien im Massstab eins zu zehn hatten wir gelernt, dass es möglich ist, das Licht des Bodensees seitlich in das Gebäude eindringen zu lassen und das ganze Haus als Tageslichtmuseum zu konzipieren. Kunstlicht kann nach Bedarf beigegeben, das Tageslicht abgeblendet werden. Die Technik, die dies ermöglicht, ist in die mehrschichtig aufgebaute Fassade und die Hohlräume der Tageslichtdecken eingearbeitet.

Tageslicht trifft auf geätztes Glas. Die Ätzung auf dem Glas streut das Licht regelmässig ab. Mit diesem Effekt arbeiten die aus grossen, luftumspülten Glastafeln bestehende Fassade und die ähnlich konstruierten Glasdecken im Innern des Gebäudes. Zwischen diesen äusseren und inneren Membranen aus Glas liegt eine geschlossene Umhüllung aus Isoliergläsern, die in den oberen Geschossen von den offen aufgehängten Glastafeln der Decken verborgen wird. Dadurch entsteht der Eindruck des frei in den Ausstellungsraum einfallenden Lichtes.

Das Kunsthaus ist stofflich gedacht, es ist aus Material gebaut, es ist kein «white cube», keine abstrakte weisse Hülle, wie sie damals als Reaktion auf selbstverliebte Architekturinszenierungen von vielen Künstlern für Ausstellungsräume gefordert wurde. Die materielle Präsenz des Gebäudes war uns wichtig: Sichtbeton, geschliffener Beton, Stahl und Glas in verschiedenen Qualitäten. Kunstwerke, dachten wir uns, werden von dieser konkreten Materialität profitieren, die wir mit industrieller Klarheit und unaufgeregt vorzutragen uns vornahmen. Wir wünschten uns einen körperhaften, sinnlichen Rahmen für die Kunst.

Beim Studium der städtebaulichen Lage des neuen Museums stellte sich der Wunsch ein, in der lockeren Reihe von Bauten am Bregenzer Seebecken einen stolzen, neuen Baukörper auftragen zu lassen. Das neue Museum sollte in den ganzen Bodenseeraum hinausstrahlen, so der Wunsch des Landes Vorarlberg, Veranstalter des Wettbewerbes. Wir nahmen diesen Wunsch gerne auf und bezogen ihn nicht nur auf die Ausstellungen, die das Haus beherbergen würde, sondern auch auf das Haus selber.

Der aus städtebaulicher Sicht getroffene Entscheid, das Museum über vier Geschosse zu organisieren und nicht als eingeschossiges Gebäude anzulegen, wie das der zur Verfügung stehende Baugrund durchaus ermöglicht hätte, hatte weitreichende Konsequenzen.

Eine erste erfreuliche Auswirkung dieses Entscheides, würfelförmig und nicht flach zu bauen, ist das Format des Museums, das sich daraus ergab. Das hatte ich nicht bedacht: Die Künstler lieben es, ein ganzes Haus bespielen zu können. Künstler und Kuratoren, die heute im Kunsthaus ihre Ausstellungen einrichten, gehen mit Freude und Gewinn mit der Sequenz der vier übereinanderliegenden Geschosse um. Vier grosse Räume übereinandergestapelt, lebendig belichtet; ein hohes Eingangsgeschoss mit Seitenlicht, zwei Mittelgeschosse, über Glasdecken seitlich belichtet, und ein etwas höheres Obergeschoss, das seitlich einfallende Tageslicht in dieser Höhe nun schon etwas intensiver; alle vier Räume über dem gleichen Grundriss gebaut und in einem auf- und absteigenden Rundgang zusammengefasst: Diese Dispositionen ergeben eine starke architektonische Einheit. Das Ausstellungserlebnis ist von diesem leicht erfassbaren Aufbau des Gebäudes geprägt. Auch hat das Haus eine gute Grösse. Die darin eingerichteten Ausstellungen kann man mit einem Besuch gut erfassen. Der architektonische Rahmen hat etwas häuslich Intimes.

Die punktförmige Konzentration des Bauvolumens auf der Seeseite des Grundstücks brachte einen weiteren Vorteil mit sich. Sie hat es uns ermöglicht, auf der Altstadtseite der Parzelle eine offene Fläche freizuspielen. Wir schufen an dieser Stelle einen Platz, der heute Karl-Tizian-Platz heisst. Als Antwort auf die Arkadenpassage des Landestheaters und als Bindeglied zur Altstadt formulierten wir mit einem Teil des vom Auftraggeber gewünschten Raumprogramms ein eigenständiges Verwaltungsgebäude mit einem Café-Restaurant im Erdgeschoss und setzten es als freistehenden Baukörper vor den Museumswürfel.

Die Idee wurde Wirklichkeit: Man trinkt seinen Kaffee auf dem Platz vor dem Café, man hat den Eingang zum Kunsthaus im Blick und erlebt das Kommen und Gehen am Rande der Altstadt. Öffentlicher Raum ist entstanden, städtische Energie.

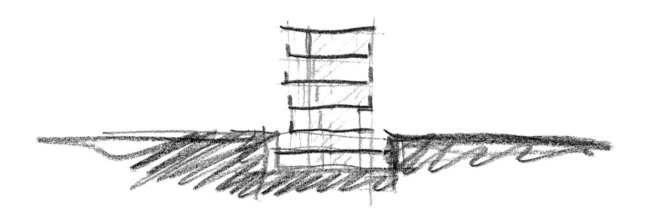

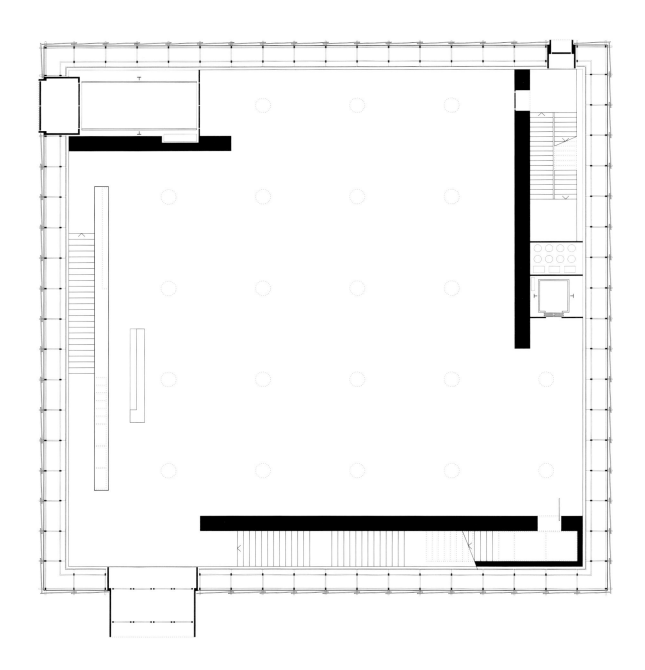

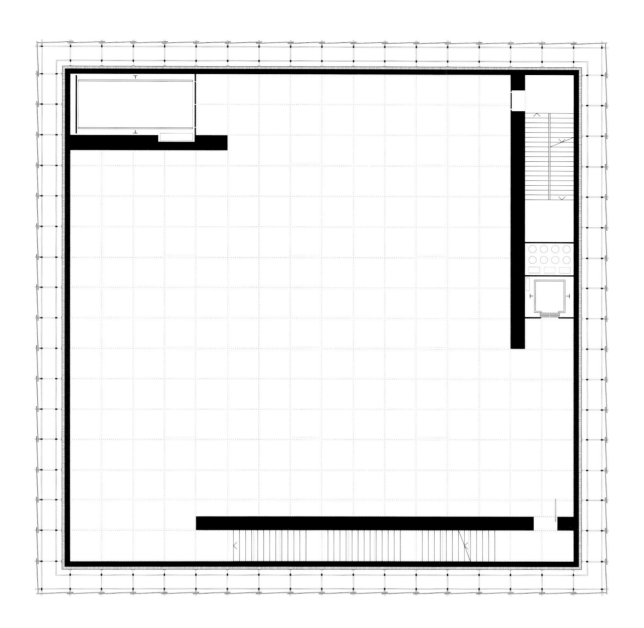

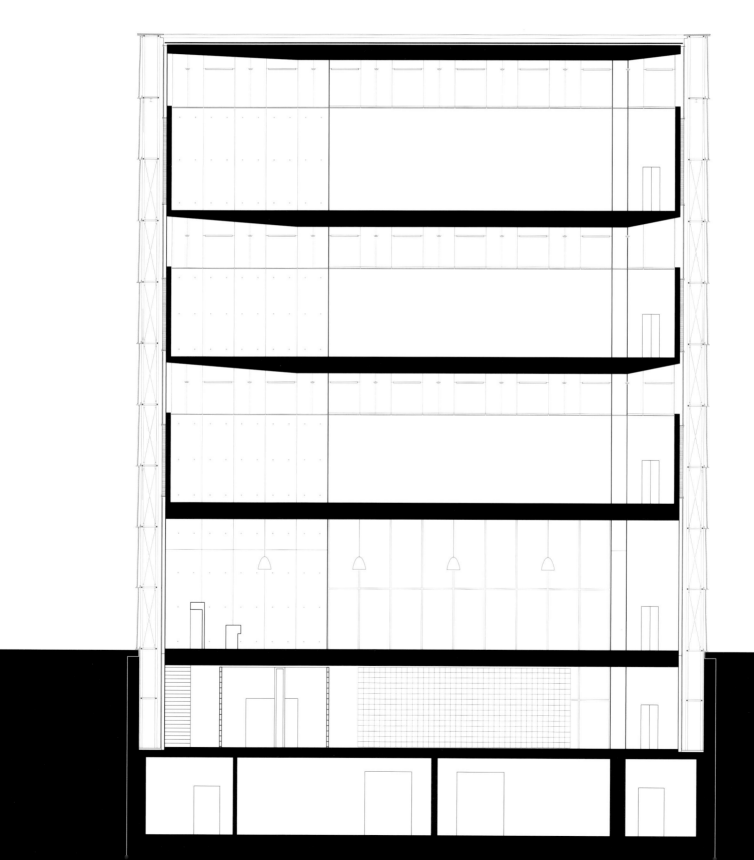

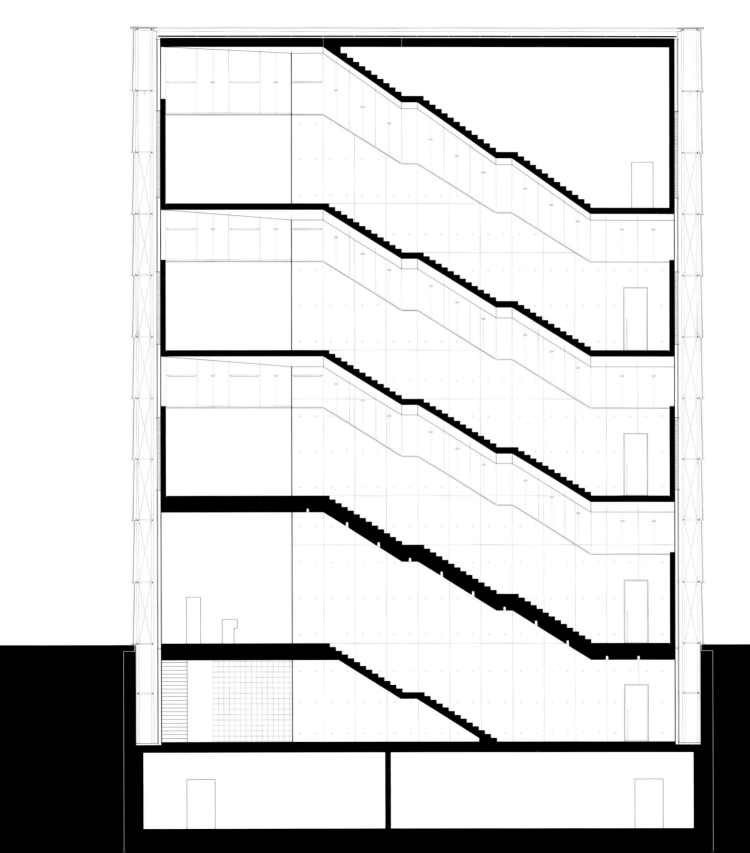

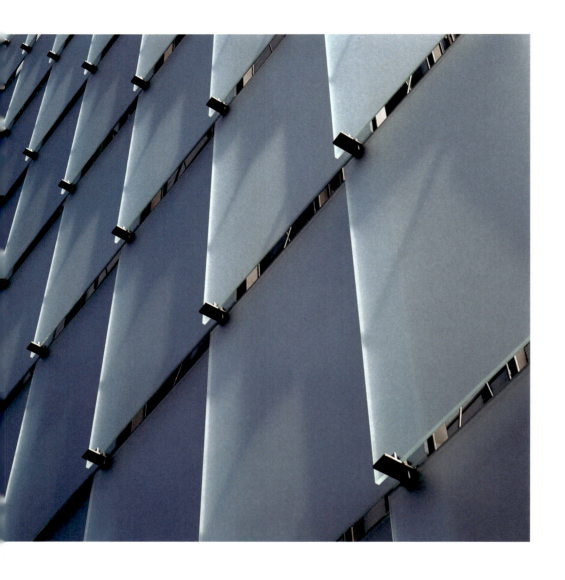

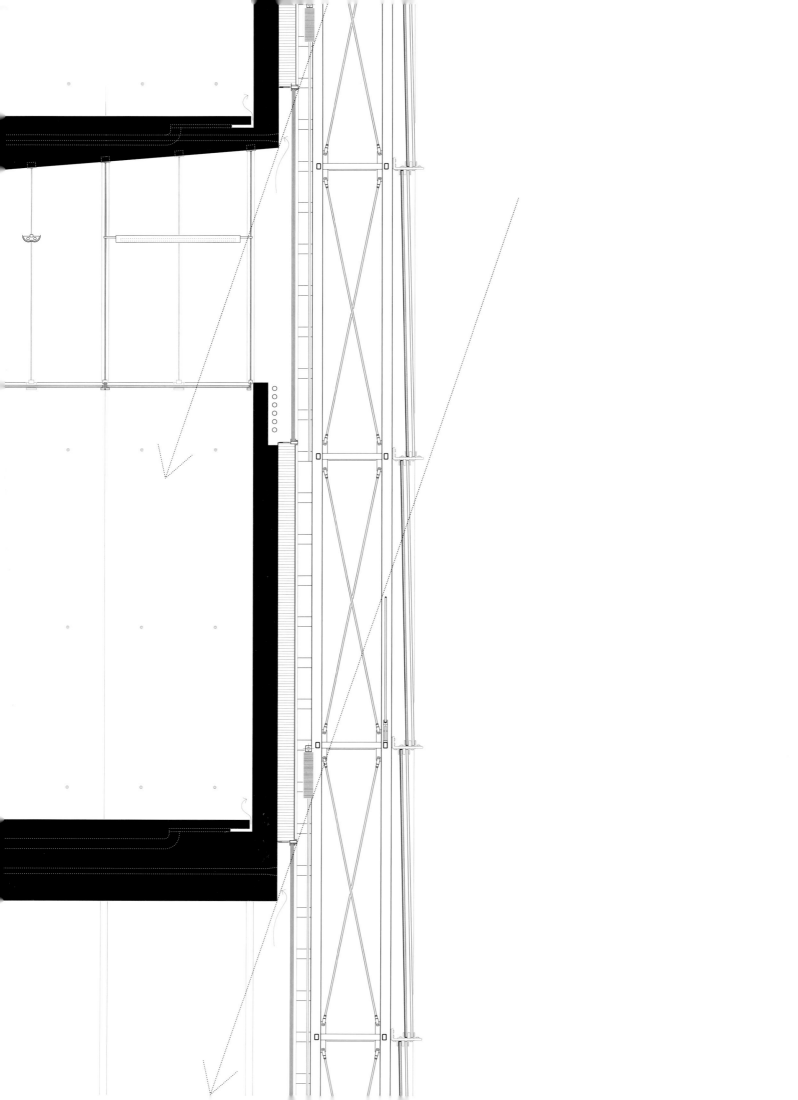

Konzeption: Peter Zumthor, Thomas Durisch, Beat Keusch
Gestaltung: Beat Keusch Visuelle Kommunikation, Basel – Beat Keusch, Angelina Köpplin
Künstlerische Beratung: Arpaïs Du Bois
Lektorat: Jürg Düblin
Lithografie: Georg Sidler, Samuel Trutmann
Druck und Bindung: DZA Druckerei zu Altenburg GmbH, Thüringen

Seite 1
Aus: Ilse Aichinger, *Kleist, Moos, Fasane*
© S. Fischer Verlag GmbH, Frankfurt am Main 1987, S. 37

Bildnachweis siehe Anhang Band 5

Dieses Buch ist Band 1 des fünfbändigen Werks
Peter Zumthor 1985–2013 und nicht einzeln erhältlich.

© 2014 Verlag Scheidegger & Spiess AG, Zürich

Neuausgabe 2024: ISBN 978-3-03942-247-0

Englische Ausgabe: ISBN 978-3-03942-248-7

Verlag Scheidegger & Spiess AG
Niederdorfstrasse 54
8001 Zürich
Schweiz

Der Verlag Scheidegger & Spiess wird vom Bundesamt für Kultur mit einem Strukturbeitrag für die Jahre 2021–2024 unterstützt.

Alle Rechte vorbehalten; kein Teil dieses Werks darf in irgendeiner Form ohne vorherige schriftliche Genehmigung des Verlags reproduziert oder unter Verwendung elektronischer Systeme verarbeitet, vervielfältigt oder verbreitet werden.

www.scheidegger-spiess.ch